学前教育专业系列教材

学前教育研究方法

徐　青◎主编
王　莲　高楠楠◎副主编

北京大学出版社
PEKING UNIVERSITY PRESS
黑龍江大學出版社
HEILONGJIANG UNIVERSITY PRESS

图书在版编目（CIP）数据

学前教育研究方法 / 徐青主编．-- 哈尔滨 : 黑龙江大学出版社 ; 北京 : 北京大学出版社，2020.3
ISBN 978-7-5686-0451-2

Ⅰ．①学… Ⅱ．①徐… Ⅲ．①学前教育－研究方法
Ⅳ．①G612

中国版本图书馆 CIP 数据核字（2020）第 010821 号

学前教育研究方法
XUEQIAN JIAOYU YANJIU FANGFA
徐　青　主编　王　莲　高楠楠　副主编

责任编辑　宋丽丽　张　帝
出版发行　北京大学出版社　黑龙江大学出版社
地　　址　北京市海淀区成府路 205 号　哈尔滨市南岗区学府三道街 36 号
印　　刷　哈尔滨市石桥印务有限公司
开　　本　720 毫米 ×1000 毫米　1/16
印　　张　13.5
字　　数　221 千
版　　次　2020 年 3 月第 1 版
印　　次　2020 年 3 月第 1 次印刷
书　　号　ISBN 978-7-5686-0451-2
定　　价　36.00 元

总　序

学前教育是终身学习的开端，是国民教育体系的重要组成部分，是重要的社会公益事业。学前教育对幼儿的身心健康、习惯养成、智力发展等具有重要意义。办好学前教育，关系亿万儿童的健康成长，关系千家万户的切身利益，关系国家和民族的未来。改革开放以来，特别是21世纪以来，我国学前教育取得了长足发展，普及程度逐步提高。随着社会经济的发展，人们对学前教育提出了更高的要求。

2018年11月，中共中央、国务院出台了《关于学前教育深化改革规范发展的若干意见》，该意见明确指出："目前学前教育仍是整个教育体系的短板。"学前教育的短板突出表现在教育资源不足、政策保障体系不完善、教师队伍建设滞后、监管体制机制不健全、保教质量有待提高等方面。其中，教师队伍建设滞后成为制约我国学前教育事业发展的一个重要因素。针对师资问题，该意见提出："到2020年，基本形成以本专科为主体的幼儿园教师培养体系，本专科学前教育专业毕业生规模达到20万人以上；建立幼儿园教师专业成长机制，健全培训课程标准，分层分类培训150万名左右幼儿园园长、教师。"为了实现这个目标，加大学前教育人才培养力度、提高学前教育专业教学质量是我们面临的重要任务。

为了全面贯彻党和国家的教育方针，我们组织江苏、安徽、黑龙江、吉林、广东等省的本科院校学前教育专业的专家和学者共同编写了这套"学前教育专业系列教材"。本套教材主要面向普通本科院校、成人高校的在校学生，同时也适用于各级各类幼儿园园长和教师的培训。本套教材立足于培养实用型、技能型的幼教教师，坚持理论联系实际、讲学练结合、突出岗位技能训练的原则，力求贯彻能力本位原则、学生主体原则、与时俱进原则。在内容和体例上，本套教材力求做到科学、实用、新颖，密切结合学生的认知规律和学习特点来选择教学内容。理论知识的构建以阐述基本问题为主，理论知识通俗易懂、便于理解。专业技能的训练则与幼教机构的实际需要相联系。本套教材力求做到目的明确、重点突出、指导具体，具有较强的实用性和可操作性。

本套教材的编写得到了教育部幼儿园园长培训中心领导和专家的指导，一些幼儿园园长和资深教师对本套教材的编写也提出了很多宝贵意见。对于他们的帮助，我们表示衷心的感谢。本套教材由于编写仓促，还存在一些问题和不足，我们将在今后的使用过程中不断修订、不断完善，使这套教材更好地为广大师生服务。

编者

目　录

第一章　学前教育研究概述　/　1

第一节　学前教育研究的含义与特征 …… 1

第二节　学前教育研究的意义与原则 …… 4

第三节　学前教育研究的类型 …… 7

第四节　学前教育研究的基本程序 …… 10

第二章　学前教育研究课题的确立　/　14

第一节　确立研究课题的含义 …… 14

第二节　学前教育研究课题的范围与来源 …… 18

第三节　学前教育研究课题确立的过程 …… 23

第三章　文献的收集与整理　/　31

第一节　文献概述 …… 31

第二节　文献收集的过程和方法 …… 39

第三节　文献综述的撰写 …… 44

第四章　观察法　/　48

第一节　观察法概述 …… 48

第二节　观察法的原则和类型 …… 51

第三节　观察法的实施 …… 55

第五章　调查法　/　63

第一节　调查法概述 …………………………………………………… 63

第二节　问卷调查法 …………………………………………………… 70

第三节　访谈调查法 …………………………………………………… 80

第六章　教育实验法　/　91

第一节　教育实验法概述 ……………………………………………… 91

第二节　教育实验法的一般程序及注意事项 ………………………… 96

第三节　教育实验法的实施 ………………………………………… 100

第七章　测验法　/　109

第一节　测验法概述 ……………………………………………… 109

第二节　标准化测验及其实施 …………………………………… 115

第三节　自编测验及其实施 ……………………………………… 120

第八章　行动研究法　/　126

第一节　行动研究法概述 ………………………………………… 126

第二节　行动研究的实施 ………………………………………… 130

第三节　行动研究报告的撰写 …………………………………… 134

第九章　教育经验总结法　/　145

第一节　教育经验总结法概述 …………………………………… 145

第二节　教育经验总结法的类型 ………………………………… 149

第三节　教育经验总结法的实施 ………………………………… 152

第十章　个案研究法　/　158

第一节　个案研究法概述 ………………………………………… 158

第二节　个案研究法的实施 ……………………………………… 165

第三节　个案研究报告的撰写 …………………………………… 174

第十一章　学前教育研究成果的呈现　/　179
第一节　学前教育研究成果的表述 ……………………………… 179
第二节　学前教育研究成果的评价 ……………………………… 190
第三节　学前教育研究成果的表述方法 ………………………… 194

参考书目　/　206

第一章 学前教育研究概述

学习目标

1. 了解学前教育研究的含义与特征。
2. 理解学前教育研究的基本原则。
3. 熟悉并掌握学前教育研究的基本程序。

第一节 学前教育研究的含义与特征

一、学前教育研究的含义

在具体分析学前教育研究的概念之前，我们首先需要了解它的两个上位概念——科学研究和教育科学研究。

（一）科学研究

科学研究是一种特殊的人类认识活动，一般是指为了认识客观事物的内在本质和运动规律，利用科研手段和装备进行的调查研究、实验、试制等一系列活动。它是人们有目的、有计划、有意识、有系统地在前人已有认知的基础上，运用科学的方法对客观事实加以掌握、分析、概括，揭露其本质，探索新规律的认识过程。

在日常生活和生产劳动中，人们总是在有意识或无意识中了解着客观世界,逐渐认识各种自然现象和社会现象,学会理解并处理人与人之间、人与物之间、物与物之间的复杂关系。而科学研究与这些普遍的经验性认识有着本质区别,这种区别就在于:科学研究有着明确的目的和严密的计划,因而有可能缩短认识过程、减少错误认识,并能深入地揭示现象的本质,发现事物的规律,从而指导人们更好地改造客观世界。科学研究可以分为自然科学研究和社会科学研究两大类,而教育科学研究则属于后者。

(二)教育科学研究

教育是培养人的社会实践活动,是人类向新生一代传递知识和价值观念的过程,这一活动表现出复杂性、创造性、长期性等诸多特征。随着社会的进步,教育活动也在更新发展,并不断表现出与新的历史阶段中政治、经济、文化状况相适应的新特征。而所谓教育科学研究,就是以客观存在的教育现象或问题为对象,遵循科学的认知过程,以搜集到的事实材料为依据,运用各种科学方法,对假设或理论进行检验,以揭示教育现象的本质及客观规律的活动。教育科学研究是科学研究的重要组成部分,是科学研究在教育科学领域中的具体体现。

要全面把握教育科学研究的概念,应从以下三个方面对其进行系统理解和把握。首先,教育科学研究是教育研究工作者一种有目的、有意识、有计划的认识过程,是一种"发现"过程,旨在针对相关教育现象和教育实践中的事实,探索和发现新的、尚未被认识的东西。其次,教育科学研究的目的是探索和发现教育领域中带有普遍性或规律性的东西,并利用这些规律性的认识更好地指导教育实践。最后,教育科学研究必须运用科学的方法,即根据研究目的选用适宜的方法,遵循科学的程序,并将实事求是的研究态度贯彻始终。

(三)学前教育研究

学前教育,亦可称幼儿教育,通常是指针对0—6岁儿童所实施的保教活动。根据场所的不同,可以将学前教育形态划分为家庭教育、社区教育、托儿所教育(3岁前)和幼儿园教育(3—6岁)。此阶段儿童所特有的生理和心理特点,如身体上正在迅速发育、心智上尚未完全成熟、缺少是非辨别能力、语言表达和理解能力差等,决定了该阶段的教育科学研究与其他阶段的教育科学研究大有不同,具有特殊性。学前教育研究,就是要针对学前儿童生理和心理的特殊性,采用适宜的方法,围绕着影响儿童发展的教育领域开展研究。概括来说,学前教育研究,是教育科学研究的一个分支,是指以学前阶段的教育现象和问题为研究对象,运用科学的理论和方法,有计划、有目的、有系统地进行研究,从而发现学前教育现象的本质和客观规律,不断丰富和完善学前教育科学的知识体系,进而更有效地指导学前教育的实践活动。

此外,应当注意的是,学前教育研究不能仅仅停留在对儿童个体发展一般规律的研究上,还应注重对各种教育条件、影响因素等方面的分析和考察,提高研究的应用价值,以期为学前教育实践提供有效的教育措施,创设有利的教育环境。

二、学前教育研究的特征

学前教育研究作为学前教育这一特殊领域的科学研究活动,既具备一切科学研究活动的一般特征,又呈现出其独有的特征,表现如下。

(一)研究对象的特殊性

学前教育研究的主要对象是儿童,最终目的是促进学前儿童身心的健康发展。0—6 岁的儿童,其身心发展尚不成熟,且个体间存在明显差异,亟需成年人的保护。因此,在进行学前教育研究时,必须要充分考虑到学前儿童的年龄特点,在掌握学前儿童不同年龄阶段身体、心理发展特征的前提下,在研究的各个环节坚持以儿童为本,尊重其合法权益,并保证能够有效地促进其身心的健康发展。

(二)研究内容的复杂性

学前儿童的发展是一个持续、渐进的过程,同时也表现出一定的阶段性特征。而幼儿园、家庭、社区等相关因素对儿童的健康成长及学前教育的发展,均有较为深刻的影响。这些客观事实决定了学前教育研究内容的复杂性,这种复杂性表现为——学前教育的研究范围涉及学前教育理论与实践的诸多方面,如学前教育的本质与目的、学前教育的内容与方法、学前教育相关政策法规、学前儿童心理发展的特点与规律、幼儿园管理、幼儿园课程改革、幼教师资的培养等。针对这种研究内容的复杂性,学前教育研究必须从客观事实出发,从多方面、多角度、多层次进行设计和研究。

(三)研究过程的现场性

在学前教育研究中,无论是对儿童情绪、动作、行为的研究,还是对影响儿童成长的教育环境的研究,研究的过程都需要在现场的实际情境中发生。因此,在研究过程中,研究者既要保持客观、严谨、实事求是的科学态度,又要运用自身对生命的体验去理解研究对象,不断与研究对象互动、交流和沟通。这样,研究所获得的事实材料才是客观而真实的,研究的结果才能够对实际工作起到指导作用。

第二节　学前教育研究的意义与原则

一、学前教育研究的意义

(一)以研促教,提高学前教育实践的质量

学前教育研究的研究者主要是幼儿园教师和其他学前教育工作者,研究的最终目的是促进学前儿童身心的健康发展,促进幼儿园办园质量的提升,提高整体学前教育实践的质量。总体来说,幼儿园保教质量的提高要依靠广大教师,而教师综合素质的提升则依靠科学研究。进行学前教育研究,是幼儿园教师从“经验型”向“研究型”“专家型”发展的最佳途径。在此过程中,幼儿园教师将不断地丰富自身的教育理论储备,加深对教育规律的认识,提高教育实践的水平,这是一个不断学习、不断提高的过程。同时,科学研究可以帮助幼儿园教师将教育理论应用于学前教育实践,增强教育自觉性,减少盲目性,以研促教,提高保育和教育质量。

(二)理论创新,逐步完善学前教育学科知识体系

学前教育研究,不仅是一个对已有教育理论进行运用、验证和完善的过程,同时也是一个发现新规律并不断推进理论创新的过程。有效开展学前教育科研工作,可以系统地总结古今中外优秀的学前教育思想和实践经验,将其上升

到理论高度,又能不断地将最新的相关理论运用到实践中去,结合幼儿园一线教师的最新典型经验,催生出新一轮的理论创新。在这种动态的过程中,学前教育实践的平台不断扩大和丰富,不仅推动学前教育科研活动的向前发展,也使广大学前教育工作者的研究视野更加广阔,与时俱进的科研成果不断充实着学前教育的理论宝库,学前教育的理论不断创新,体系不断完善。

(三)严谨治学,提高教育及研究工作者的科研水平

科学研究可以促使学前教育工作者形成科学严谨的研究态度,掌握科研的技能方法,提升独立思考、独立工作的能力,并在研究工作中不断提高自身的科研水平和研究能力。而教育研究可以使学前教育工作者自觉学习、钻研教育理论,运用理论去了解、分析、研究、解决教育实践中遇到的各种问题,使自身专业素质得以不断发展。随着教师职业专业化程度的不断提高,教育科学研究的意识和能力也将成为教师专业素质的重要构成要素,为推进教师职业专业化提供有力保证。

(四)促进教改,推进学前教育实践的深入

教育改革是为了使教育事业更适应我国经济和社会发展的新需要,更符合教育发展的规律。幼教改革的进程与学前教育研究的发展相辅相成。一方面,幼教改革必须以学前教育研究的科学成果为指导;另一方面,幼教改革推进过程中所涌现的新问题为学前教育研究不断提供着新的研究课题,进而推动着学前教育实践的深入发展。随着《幼儿园教育指导纲要(试行)》《幼儿园工作规程》等文件的颁布,各地幼儿园纷纷加快了幼教改革的步伐。推动幼教改革,既需要幼儿园一线实践工作者的主动学习,也需要他们通过科学研究去探索有效的实践途径和高效的工作方法。例如,针对“建立幼儿园课程标准”这一幼教改革中的重要内容,就要求学前教育研究者对此开展客观、系统、科学的研究工作,以期为课程标准的确立提供切实可信的理论依据。随着类似研究问题的解决,学前教育实践以及幼教改革的进程也将不断地推进。

二、学前教育研究的原则

学前教育研究的原则是指研究者在学前教育科学研究活动中必须遵循的

基本要求,旨在确保学前教育研究的顺利开展,以实现预期的研究目标。开展学前教育研究,应遵循以下原则。

(一)客观性原则

客观性原则要求研究者在学前教育研究中必须尊重客观事实,反映客观事实,以客观事实为依据,反对弄虚作假和脱离实际。只有最大限度地保证研究过程的客观性,才能最大限度地实现研究的目标。

坚持客观性原则,要求研究者在研究过程中贯彻如下三个具体要求:第一,在研究的指导思想上坚持客观性,要秉持实事求是的科研态度,从实践中发现和提出研究问题,在对大量事实资料进行分析、概括的基础上结合客观研究得出结论,切忌主观臆断;第二,在研究的过程中坚持客观性,保持中立的态度以获得真实的数据和资料;第三,在对事实资料的分析中坚持客观性,要尊重事实材料,以客观的事实资料为依据进行分析,切忌歪曲事实或弄虚作假。

也就是说,从课题的选择到材料的获取和分析,再到结论的产生,从方法手段的选择到研究的组织实施都必须保证客观科学。唯有如此,才能够取得理想的科研成果。

(二)系统性原则

系统性原则要求研究者在学前教育的研究过程中,以系统论为指导,把研究的问题或对象放在系统的形式中,注重从整体上、联系上、结构的功能上,考察整体与部分之间、部分与部分之间、整体与外部环境之间的关系,从而找到解决问题的有效途径。也就是说,研究者不仅要考虑教育与社会的相互联系,分析家庭环境、系统环境对教育的影响,还要重视总体的系统研究,全面地探讨教育实践中的问题。具体来说,可从如下方面践行系统性原则:第一,以整体的眼光,将自身课题研究置于整个人类认识过程的环节之中,在把握前人对该课题研究程度的基础上,明确自己研究的创新点,进而发展和深化整个认识过程,切忌闭门造车;第二,以系统的眼光审视课题,既要把课题研究放在更大的系统中去考察,全面考虑其在外部大系统中的地位、作用以及各种对其产生影响的外部因素,同时,又要关注课题本身内部的系统关系,以全面把握课题;第三,要从系统角度、过程角度和时空角度出发,构建独特具体的学前教育科学研究系统,确保研究目的的明确性、研究计划的严密性、研究方法的科学性、组织与实施的周密性、结果呈现的全面性，在时间上也要有一定的连续性和阶段性，切忌随意、盲目和好高骛远。

（三）教育性原则

教育性原则要求研究者在学前教育的研究过程中，牢记育人使命，不论是在研究目的的制定、研究方法的选择上，还是在研究的组织与实施上，都要把“教育人、培育人、塑造人”作为出发点和归宿，坚持把教育性原则贯穿始终。同时，要注意把握如下两个方面：第一，课题内容要有教育意义，不进行任何影响儿童身心健康的研究，绝不能用创造情境诱使儿童产生不良行为的方式来获取研究资料；第二，研究的过程和结果不能损害儿童的利益，在研究方法和程序的选择上要考虑是否会对儿童身心产生不良影响，在研究的实施中要注意尽可能不影响教育过程的正常进行。

（四）伦理性原则

伦理性原则要求研究者在学前教育的研究过程中，遵循基本的法律法规和社会道德准则，不侵犯研究对象及研究参与者的权益，避免给他们造成身心伤害。学前教育研究者应多从研究对象的角度考虑相关影响，并在研究活动中贯彻如下要求：第一，尊重受试者的权利，无论是研究对象还是研究所涉及的其他个人、团体和单位，都应尊重和保障法律赋予其的各种人身权利，如不参与协作权、不署名权、保密权、要求研究者承担相关责任权等；第二，不应给受试者造成不恰当的压力，在对一些实验因素或研究条件进行控制与操纵时，不能妨碍或有害于研究对象身心的健康发展，对可能产生的影响应加以预测，主动避免或防止不良结果的产生；第三，要慎重解释研究材料或研究结果，避免因对一些材料和结论的处理不慎而给研究对象或教育实践造成不良后果。

第三节 学前教育研究的类型

学前教育研究可根据不同维度，划分出以下不同类别。

一、基础研究和应用研究

根据研究目的的不同,学前教育研究可以分为基础研究和应用研究。

基础研究属于纯科学研究,注重一般知识、普通原理和原则的建立。在学前教育领域,基础研究的内容往往是概括性比较强的基本理论和基本规律,如对教育观、儿童观和教师观的研究,对幼儿园课程理论的研究等。

应用研究,是针对某个具体的问题,运用基础研究得出的原理、原则,提出具有较强针对性的解决对策的一种研究。例如,关于培养幼儿自信心和自理能力的教育策略研究、关于幼儿园班级环境创设问题的研究等。这些研究项目的成果也可以为学前教育学科增加一些新的知识点。更为重要的是,这些研究成果可以直接指导或改进教育实践活动,解决实践中教师或幼儿遇到的具体问题。对一线的学前教育工作者而言,其研究大多属于应用研究,较少涉及基础研究。

实际上,基础研究和应用研究的区分是从相对意义上说的,且它们之间也没有高低之分。基础研究虽然旨在增加科学体系的知识,但有时也有可能产生有实际价值的结果。应用研究旨在解决教育中的实际问题,但它也能为增加科学体系的知识做出贡献。

二、定性研究和定量研究

根据研究范式的不同,学前教育研究可以分为定性研究和定量研究。

定性研究,是根据社会现象或事物所具有的属性和在运动中的矛盾变化,从事物的内在规定性来研究事物的一种方法或角度。它以普遍承认的公理、一套演绎逻辑和大量的历史事实为分析基础,从事物的矛盾性出发,描述、阐释所研究的事物。进行定性研究时,要依据一定的理论与经验,直接抓住事物特征的主要方面,将同质性在数量上的差异暂时略去。定性研究有两个不同的层次:一是没有或缺乏数量分析的纯定性研究,结论往往具有概括性和较浓的思辨色彩;二是建立在定量分析基础上的、更高层次的定性研究。定性研究对研究内容的分析往往具有一定深度,更注意事物发展变化的过程,具有较好的整体性;但要求研究者有较深厚的理论修养,否则便难以排除研究活动中主观因素的影响。

定量研究，是指主要运用数据和量度来描述研究内容的特征或变化的研究。研究活动往往是在一定的理论基础上，将研究内容分析为某些因素或变量，运用数据进行度量，通过对数据的统计分析形成结论，对结论的表述也主要依靠数据、图表等手段。定量研究注重对研究过程进行设计和控制，因而具有显著的客观性和精确性，它较多注重对客观事物产生或变化的原因以及事物之间的关系进行考察。例如，对我国0—3岁儿童身高与体重现状的调查研究、对儿童的智力与阅读能力的关系研究等。

定性研究和定量研究各有所长，也各有所短，而且一者所长正是另一者所短，二者并不互相排斥。定性研究为定量研究提供框架，而定量研究又为进一步的定性研究提供条件。学前教育研究活动与其他学科的研究发展一样，最初都是定性的研究，定量研究则是在科研活动发展到一定阶段后出现的。现代学前教育科学研究趋向于使用定性研究和定量研究相结合的研究方法。

三、纵向研究和横向研究

根据研究时间的延续性和研究对象所处状态的不同，学前教育研究可以分为纵向研究和横向研究。

纵向研究，是指在一个相对较长的时间里，对学前教育中的某一个教育现象或问题进行系统的定期研究，也称追踪研究。例如，对儿童口头言语发生发展的研究，可以从新生儿发音开始，经过一系列发展过程直到连贯性言语产生为止，以查明儿童口头言语发生发展的规律。又如，有的研究者对同一被试，从新生儿时期起经过各个阶段直到青年时期为止，对其心理发展的各个方面进行定期的追踪考察。纵向研究的时间有的比较短，有的比较长。而纵向研究的范围，可以是某一方面行为的发展，也可以是整个行为的发展。纵向研究要求在所研究的发展时期内，反复观察和测量同一组个体，其优点是能够系统详尽地了解某些特征发展的连续过程及量变、质变规律。但是，纵向研究的难度大，对众多对象进行长时期追踪一般不易做到。因此，纵向研究常用于个案研究或追踪时间不太长的成组研究中。

横向研究，是就某一个教育现象或问题，在同一时间内对某一年龄组或几个年龄组的儿童行为表现进行考察和比较的研究。例如，对全国不同省份幼儿教师教育行为与教育观念的调查研究,对经济发达地区和经济欠发达地区幼儿营养状况的对比研究等。这类研究实施方便,可以在较短时间内获取大量研究资料,并从中找出规律性的东西;但这种研究有时不够系统,无法展示发展的连续性,不能全面地反映问题。

四、价值研究和事实研究

根据研究问题的内容和性质的不同,学前教育研究可以分为价值研究和事实研究。

价值研究是以教育中的价值问题为研究对象的研究,它要回答的是"为什么、为谁、什么目的"等问题,研究结论很大程度上取决于研究主体或其所代表人群的人生观、价值观和教育观。

事实研究是以教育中的客观事实问题为研究对象的研究,它要回答的是"是什么""在什么时候""到什么程度"等问题。事实研究要求研究者把尊重客观实际放在首要地位,排除研究者主观倾向性对研究结论的影响,其结论具有主体间的一致性。

第四节　学前教育研究的基本程序

学前教育研究与其他所有科学研究一样,从随意地提出某个问题到真正地开展研究,需要一个系统的探索过程,这一过程必须遵循一定的程序和步骤。一般情况下,一项学前教育研究至少应包括六个基本环节:选择与确定研究问题;查阅文献资料,进行课题论证;选定研究方法;制订研究计划;整理、分析研究资料;成果表述与评价。学前教育研究的各环节是按照科研进程的顺序排列的,研究工作须一步一步地按计划进行。但这并不意味着各步骤之间不允许有交叉,更不是说一个步骤做过之后就不能再有反复。实际情况往往是各环节间相互照应,即在进行着前一步骤时就要想到以后步骤的有关事项,而在进行到后面步骤时,若发现前面一步有不足之处,还得再查缺补漏。只有这样,才能取得比较完满的研究成果。本节对学前教育研究的基本程序只做简单的逻辑梳理,详细内容和具体操作将在后续各章节逐一展开。

一、选择与确定研究问题

对学前教育研究人员来讲,在开展任何一项研究之前,一定要思考三个基本问题:研究什么、为什么研究,以及怎样研究。其中,思考“研究什么”和“为什么研究”的过程实际上就是选择和确定研究问题的过程。

研究课题是一个有待于解决、验证或回答的问题。有待于解决的问题,如“在阅读角活动中引导幼儿学会阅读的研究”,关键要通过研究找到帮助幼儿在阅读角中学会阅读的方法。有待于验证的问题,如“户外体育活动与幼儿交往能力的关系研究”,关键要通过研究验证开展户外体育活动是否能促进幼儿交往能力的发展。有待于回答的问题,如“××幼儿园小班幼儿识字情况的调查研究”,关键要通过调查回答该幼儿园小班幼儿的识字现状如何。

二、查阅文献资料

任何研究都是在前人已有的研究基础之上进行的。一般来说,研究课题的选定实际上是建立在对已有相关资料的查阅及掌握的基础之上的。文献查阅这一环节,可以帮助研究者对课题的关键概念进行界定,明确操作思路,使课题研究能够在确定的范围内开展;可以帮助研究者吸取前人的经验,明确研究的地位,在已有的研究成果中寻找启发,找到课题研究的线索,设计自己课题的研究方法和思路。

三、选定研究方法

不同的研究问题、研究对象具有不同的性质和特点,需要选用不同的研究方法。选定研究方法,也就是确定要用什么样的方法来收集和分析资料。

根据资料收集途径的不同,可以把学前教育研究的常用方法分为观察法、调查法、实验法、测验法和作品分析法等。首先,研究方法要根据研究课题,特别是研究目的而定,要适合研究对象的性质和特点。例如:研究“幼儿在区角活动中的表现差异”问题,应首先考虑使用观察法;研究“幼儿的流体智力”问题,应首先考虑使用测验法;研究“20 世纪 90 年代以来幼儿园教育改革取得的经验与存在的问题”,则应该首先考虑使用历史法或资料研究法。其次,要注意所选方法的可行性。有些研究方法在使用时有较多的局限,例如:问卷法的使用要考虑幼儿的文字理解能力;实验法的使用要考虑实验的伦理性、实验的主客观条件及各种变量的控制;等等。在选择研究方法的时候既要充分考虑这些因素,也要考虑研究者的自身条件和能力,恰当的研究方法必须是在具体的客观条件下切实可行的。最后,要注意多种研究方法的综合运用。一般来讲,对一项问题的研究往往不能只运用一种方法,而要综合运用多种研究方法。例如,对“幼儿园双语教育及新师资培养”问题的研究,既要运用历史法对幼儿园双语教育的由来、做法及经验进行全面的了解,也要运用调查法对幼儿园双语教育的现状及师资情况进行研究,同时还要运用教育实验法、观察法等研究方法对相关问题进行深入研究,整个研究综合运用了多种方法。因此,在选择研究方法的时候,既要考虑研究要运用的主要方法,还要考虑研究中所要运用到的辅助方法。

四、制订研究计划

在进行研究之前,研究者还需要制订一份详细的研究计划,主要阐述研究的科学思路及行动要点,明确研究的对象、目的、任务、方法、步骤及时间安排,为问题的最终解决设计条理清晰、切实可行的科学方案。根据研究方法的不同特点,设计的侧重点可以有所不同,设计程序也应繁简适当。研究计划的内容一般包括:课题名称;课题研究人员的构成及分工、课题负责人;课题的提出(包括课题来源及选题意义、所选课题在国内外的研究历史及现状、研究范围、研究假设及目的、对研究现实性和可行性的简要分析等);研究目标及主要内容;本课题中关键性概念的定义;研究对象及选择方法;研究方法及实施要点;研究进程的安排;预期研究成果;设备经费预算;等等。在不同的课题研究计划中,上述内容在表述的顺序、项目等方面可能会有所差异。

五、整理、分析研究资料

资料是人类思想、科学文化知识和各种实践活动赖以记录、保存、交流和传播的音像、文字材料的总称。它包括文献、各种情报材料和实物样品等。整理研究资料是指研究者根据研究目的和需要，对已收集到的各种资料进行汇总、归类，使之系统化和条理化。分析研究资料是指研究者在对原始资料整理的基础上，对研究资料的性质和特点以及资料之间的相互关系进行具体分析，以发现各种教育现象之间的关系并探索出一定的规律性特征。由于资料是否可靠、准确和科学，将直接影响着研究结论的准确与否，所以研究者在整理和分析资料的过程中，必须要对已有研究资料的可靠性和有效性进行分析和判断，剔除掉无用的研究资料，及时补充更新有用的研究资料。

六、成果表述与评价

任何一项成果的表述都直接关系到研究结果的准确性和科学性，正确而完整的表述是学前教育研究的一个重要环节。撰写研究报告，是对研究成果的一种表述，就是把研究的过程及取得的研究成果以书面的形式合理地表达出来；是研究者把整个研究过程中有价值的信息公布于众的主要方式，也是研究者与其他相关工作人员或研究者交流和沟通的主要渠道。

学前教育研究成果的评价是对学前教育研究成果做出价值判断的过程，也就是对研究成果的学术规范、研究质量等进行鉴定评价。具体来说，首先是对研究成果的学术水平和应用价值进行鉴定，其次是对研究活动的科学性进行评估。研究成果的鉴定与评价可以采取自我评价、专家评价和行政评价等方式，其中，自我评价是专家评价和行政评价的基础。

思考与练习

1. 什么是学前教育研究？学前教育研究的基本特征是什么？
2. 简述开展学前教育研究的意义。
3. 试述定量研究与定性研究的区别。

第二章 学前教育研究课题的确立

学习目标

1. 了解学前教育研究课题确立的含义。
2. 理解学前教育研究课题的范围和来源。
3. 掌握确立学前教育研究课题的原则和基本过程。

第一节 确立研究课题的含义

确立研究课题是一切科研工作的开端,研究课题恰当与否,其影响贯穿科研工作始终,并且决定科研工作的成败,具有重要意义。

一、学前教育问题

所谓问题是人们在理论学习和工作实践中遇到的疑难和矛盾,由于社会的不断发展,各行各业都面临许多新问题、新挑战。在学前教育的领域中,无论是在理论方面,还是在实践方面,人们对很多问题都认识不够甚至尚未发现。如作为一名幼儿教师在教育实践中将面临诸如"怎样让有不同依恋关系的幼儿适应入园教育""怎样矫正幼儿的不良习惯""幼儿园如何指导亲子共读""怎样把民间游戏引入幼儿园教育"等各种各样的问题。

发现并提出有意义的问题是科学研究的起点。科学研究与问题总是相伴随的,科学研究在不断地解决问题,并引出更高层次的问题。随着问题的不断深入，科学研究也逐步地向更高层次发展。所以教育科学发展的历史就是它所研究的教育问题发展的历史，是问题不断深入的历史。

二、学前教育研究课题

所谓教育研究课题，即教育研究要解释或解决的问题，是依据教育研究的目的，通过对研究对象的主客观条件进行分析而确立的研究问题。学前教育研究课题则是指在学前教育领域中要解释或解决的理论性、实践性问题。在学前教育科研过程中，一旦将学前教育科研课题确定下来，就意味着整个学前教育研究的任务及方向也随之确定。学前教育研究课题关系着学前教育科研的价值，决定着学前教育科研的成败。从广义上讲，选题包括两方面含义，一是确定科学研究的方向，二是选择进行研究的课题。

（一）研究方向

无论是专职研究人员还是在一线从事教育的幼儿教师，他们在科研活动中的精力都是有限的，所以逐步明确自己的专业研究方向是十分必要的。研究方向指的是研究者在一个较长时间内研究内容的取向，它规定了研究者选择课题的范围和领域，使研究工作具有系统性和连续性。由于学前教育是一个较为复杂的体系，覆盖了众多学科，实践活动也是多种多样的，因此学前教育科学研究的内容也复杂而广泛，研究者在研究方向上的稳定性就显得很有意义。

首先，稳定的研究方向有利于研究课题的选择。如果研究者有一个明确的研究方向，往往会对该方向上的理论发展和实践变革给予较多的关注，从而形成良好的理论修养和丰富的实践经验，这就使他能及时发现这一方向上值得研究甚至是别人还没有认真思考过的问题，也使他能对这些问题进行深入的分析，从中选择和确立有价值的研究课题。

其次，稳定的研究方向有利于研究的深入。研究者往往对他人进行的与自己研究内容相关的研究活动给予较多的关注，这可以帮助他充分了解他人研究的方法、过程和结论，为提高自己的研究水平打下基础。同时，在某一方面长期的、多次的研究工作也能使研究者自己积累经验、吸取教训，从而不断地完善研究过程，使研究更加深入。

最后，稳定的研究方向有利于形成系统的研究成果。研究者一旦形成了自己的研究方向,每次研究活动所选课题就会集中在与研究方向一致的相关问题上,这就容易使课题以及课题研究结论相互联系,相互补充,使之形成系统,研究者的工作也会因这种系统性而表现出更大的价值,产生更大的影响。

(二)学前教育研究课题的类型

学前教育研究课题的类型关系着研究过程中搜集资料、整理加工资料的不同要求,反映出成果的不同类型,这是需要研究者从总体上把握的。按照研究领域划分,学前教育研究课题的类型可分为基础性研究课题、应用性研究课题和开发性研究课题。

1. 基础性研究课题

基础性研究课题指以揭示教育现象的本质及其规律,形成或发展教育科学理论为目的而进行研究的课题,借助教育的客观规律,寻找新的事实,发现新的理论和重新评价原有理论,它回答的是“为什么”的问题,具有理论的体系性、效益的长期性和研究的连续性。例如,关于学前教育本质、学前教育目的论、学前教育过程规律、学前教育评价等的研究,其目的在于建立具有中国特色的现代学前教育科学理论体系。

2. 应用性研究课题

它是针对某一具体的实际应用目标而进行的科学实验和技术性研究。教育的应用性研究具有实际应用价值,是把教育科学的基本理论转化为教育技能、教育方法、教育手段和教育方案,使教育理论同教育实践结合起来,达到某种具体的预定的目标。这种研究回答的是“是什么”的问题,直接解决学前教育管理和学前教育改革中的实践问题,是理论联系实际的关键环节,其研究特点是使基础理论研究成果具体化和实用化。目前绝大多数教育研究是应用性研究。例如:“幼儿园管理体制改革研究”“幼儿心理健康研究”“幼儿教师队伍现代化建设研究”“以‘研究’为主要方式的园本培训设计与实践研究”“运用多元智能促进幼儿主动性发展的实践研究”等。

3. 开发性研究课题

开发性研究课题强调运用已有的研究成果去解决教育实践中的现实问题,

开辟新的应用途径，进一步发展已有的研究成果。这类研究特别强调操作的具体化和规范化。一般来讲，幼儿教师开展的一些研究大部分属于这类研究。例如“学习活动有效性整合的实践研究”“幼儿园区域活动中材料投放的研究”“探索性主题活动中家园互动的实践研究”等。

三、确立研究课题的意义

选择和确立研究课题是进行教育研究的第一步，它不仅决定研究者现在和今后科研工作的方向、目标与内容，而且在一定程度上也限制了科学研究应采取的方法与途径。因此，确定研究课题在研究工作中具有重要的地位，必须认真对待。

（一）反映研究价值，引导研究方向

研究课题反映了现有教育实践和教育认识的广度和深度，在学前教育科学研究中课题具有重要的价值。学前教育科学研究的目的是要解决学前教育面临的各种问题，由于这些问题对学前教育的影响不同，在学前教育活动中所处的地位和作用不同，因而其价值体现也就不同。好的课题的提出，将会对学前教育实践和教育科学发展产生极大的推动作用，可能指引一个时期内教育实践和教育理论的发展方向。课题是对研究对象、研究范畴、研究主题和研究主体的界定，整个研究工作由此发展，并围绕其进行，而研究方案的设计、实施，成果的鉴定，又都必须紧紧围绕课题进行。因此，明确的课题有利于研究者明确其研究方向。

（二）研究课题对研究工作的进行有制约作用

选定课题是学前教育科学研究的起点，对学前教育研究的进程和方式有制约作用。在学前教育科学研究过程中，不同的研究课题的研究方法和研究工具都不尽相同，资料的收集和利用存在差异。学前教育科学研究所要解决的主要是学前教育中的理论或实际问题，选择什么样的课题往往受学前教育现实发展的制约。只有贴近学前教育的实际，才能切实回答学前教育的实际问题，这样的研究才有生命和价值。因而，课题选择得好，对学前教育改革和发展、科学管理幼儿园、不断改进工作，都具有重要的促进作用。

第二节　学前教育研究课题的范围与来源

学前教育活动不同于政治、经济活动，它是一项复杂的社会活动，教育本身是个复杂开放的社会系统，有自身的要素、结构与功能，所以教育研究问题覆盖范围广，来源丰富。

一、教育研究课题的范围

教育研究的内容广泛而复杂，主要可以在以下几个方面进行研究。

（一）教育本质

事物的本质是其区别于其他事物的属性，是由事物的特殊矛盾决定的。对学前教育本质的研究解决的是"学前教育是什么""学前教育与其他社会活动的区别是什么""教育的特性是什么"等问题，即从宏观上对教育进行研究。对于教育本质的研究，倾向于哲学层面，研究者需要研究的是"教育是什么"，应注意将其与"教育应当是什么"区别开来。目前，在教育本质的研究过程中出现了多种学说，如上层建筑说、生产力说、特殊范畴说、多重属性说等。

（二）教育功能

功能是某一事物在环境中所能发挥的作用和能力，教育有其存在的作用和功能。教育功能研究是教育研究中的一项内容，它涉及教育的地位、作用，涉及教育与人和社会等各方面的联系。教育功能研究集中在教育的社会功能（教育对社会的政治、经济、文化、社会阶层与变迁起到了什么作用）、育人功能（教育对人的身体和心理产生了什么样的影响）以及二者的关系这三个方面。如教育对社会经济影响的研究、教育对社会阶层作用的研究、学前教育对个体发展和整个社会发展作用的研究等。

（三）教育组织

教育是有意识的、以影响人的身心发展为目的的社会活动，是一种有组织的社会活动。对教育组织的研究是教育研究中的一个重大课题,它涉及各级各类教育的组织、管理等的研究,大到管理教育机构,如托儿所、幼儿园、小学、中学、大学等,小到组织具体的课程或活动,如组织一堂艺术欣赏课、一次人物扮演活动课等。

(四)教育政策

政府管理部门通过制定一系列的方针、政策对教育产生影响。教育方面的方针、政策,以及与教育相关的其他活动领域的方针、政策对教育事业的影响重大,因此对教育政策的研究成为教育研究的一个组成部分。比如:如何深化教育体制改革的研究、教育行政权力集中与下放问题研究、对学前教育领域内各项政策的分析等。教育政策学的出现使得教育政策研究专门化,如何实现教育政策制定的科学化、民主化、制度化和程序化是教育政策研究的宗旨。

(五)教育内容

教育内容的组成丰富多彩,涉及的范围包括人类社会各领域活动的知识、经验和技能、技巧。教育内容研究同样丰富,主要集中在课程安排和教材设计的研究上。如:有人曾对不同历史时期的幼儿教育教材进行研究,从中比较不同历史、文化阶段教育理念与儿童教养目标、内容、方法等方面的异同;还有人曾对小学课本中的男女性别角色进行研究,分析其中的性别角色对儿童性别认知的影响。

(六)教育方法与教育技术

教育者需要通过一定的教育手段和教育方法达到教育目的。对教育方法的研究涉及的内容多样,既可以具体到对某一个体的细小行为问题的教育方法,如怎样对待任性的幼儿、如何处理幼儿的攻击性行为,也可以扩大到对某一受教育群体的教育方法,如孤独症儿童的教育方法、如何使幼儿乐学爱学等,还可以涉及教育手段的运用,如远程教育、多媒体教学、演示文稿(PowerPoint)制作等内容。

(七)教育者

就对教育所涉及人员的研究而言,以往更注重对受教育者的研究,忽视了对教育中的另一类人员——教育者的研究。专职和兼职教师、各级教育管理人员、校外教育机构的工作人员等均为可研究的对象,他们的身心特质、专业发展和专业成长等均可作为研究内容。比如,尽管各地幼儿教育发展水平不平衡,但幼儿教师应具备的核心技巧是相同的,因此对幼儿教师核心技巧的研究就可以成为一项研究的课题。

(八)受教育者

任何教育都是针对一定的教育对象来进行的,教育要取得成效也离不开对受教育者的了解和研究,因此,对受教育者进行研究是教育研究中必不可少的研究内容。对受教育者的研究具体包括受教育者身体和心理特质研究、受教育者身心影响因素研究,如学前儿童气质研究、父母受教育水平与学前儿童学业成绩的相关性研究等。

除了上面提到的研究内容外,教育研究还包括教育影响因素研究、教育研究方法研究、不同文化背景的教育比较研究等。

二、学前教育研究课题的来源

刚开始进行学前教育研究的研究者,往往不知道从何处选择研究课题。其实,研究课题的来源是多方面的,概括而言,主要有以下几个方面。

(一)从学前教育实践中产生课题

学前教育实践活动所反映出的各种问题,是学前教育研究课题最重要、最基本的来源。当前我国的学前教育事业正处于改革和发展时期,出现了很多新情况、新问题。研究课题可以从学前教育实践和教育改革所面临的问题中选择,也可以总结一线教育工作者(幼儿园教师)的宝贵教学经验进行理论概括。这些问题可以是某一学科教学的具体问题,如幼儿数学操作性学习及其教学策略研究;也可以是与幼儿在教育教学过程中的各种表现有关的问题,如想象性游戏对幼儿心理发展的影响、3 岁入园幼儿家庭依恋感的研究等;还可以是学前教育投入的经济效益和教育效益的相关问题,如信息技术应用的合理性研究、主题墙布置的经济投入与教育价值研究;等等。这些问题可以被大致概括为以下几个类型。

1. 直接性课题

即把学前教育实践中最直接,最明显存在的热点问题直接当作研究课题。如:在我国开放二孩政策后,对幼儿的教育问题;市场经济条件下,规范私立幼儿园运营的问题;城市化进程中面对农村人口分散以及物质、师资条件不足等实际,如何分配学前教育资源的问题;等等。

2. 探索性课题

即将学前教育理论、研究成果转化为具体教育实践活动的过程中所遇到的问题。刚刚走上教育一线岗位的幼儿教师,经常会遇到在真实的教学环境中无法套用以往所学教学理论的局面,及时将这些问题记录下来,也可以为日后的教育研究提供素材。所以幼儿园一线工作者在工作中留心记录,积极寻找解决问题方法的过程,也正是一种选择研究课题、形成研究课题的过程。

3. 反思性课题

即将学前教育实践中的经验加以总结,上升为研究课题。这里所说的教育经验既包括成功的教育经验,也包含失败经验,由此而生发出对经验的总结和反思,就可以作为研究课题。从学前教育实践中提炼研究课题,有利于研究水平的提高和研究成果的应用推广。

(二)从学前教育理论中产生课题

国内外的教育学家经过多年研究,为今天的教育工作者提供了大量可供参考的教育理论。从学前教育及相关学科理论的深化、拓展或转型中产生的课题是学前教育研究课题的又一重要来源。研究者可通过对学前教育及相关学科理论的研究、思考,提出新的研究问题,或发现别人尚未注意到的、存在争论的以及待进一步研究的问题,由此形成研究课题。

1. 在原有研究成果的基础上,探索课题

科学研究是在继承原有研究成果的基础上发展前进的,学前教育科学研究者也应密切关注当前的科研发展潮流和趋势,从前沿理论中寻找和分析人们尚未解决的问题,从已有的研究成果中生发和延展出新的研究课题。

2. 积极探索理论空白和薄弱环节，挖掘课题

受社会实践和研究方法的制约，一些学前教育研究课题的另一方面往往被人们所忽略，例如从前的研究较多关注幼儿心理的发展，而忽视了幼儿教师的心理健康问题。相对于其他学科而言，我国学前教育有许多尚未被系统研究的领域，研究者要善于在学习和工作中发现和总结各种有价值的问题，关注有价值的研究对象。

3. 在学科交叉和融合背景下，寻找课题

在如今科学综合发展的趋势下，各学科之间的交叉融合领域出现了大量值得关注的问题，学前教育研究也不例外。如当前多媒体教学普及，其与幼儿园教育的结合就值得研究。又如，学前教育与哲学、人文科学、社会科学、自然科学等领域渗透交叉而产生了诸多如学前教育控制论、学前教育生态学、学前教育生理学、学前教育评价学等以学前教育作为共同研究对象的新学科理论。

4. 在不同背景下进行比较研究，完善理论

就同一项研究而言，其在城镇中所得出的结论可能不适用于乡村中的教育实践，研究者可以在乡村幼儿园中重复此项研究并探讨二者之间的差异。

5. 在理论观点的争议中，发现课题

不同的理论问题、有争议的问题本身就给我们提供了相互冲突的对立面，为提出研究课题提供了参照，如能否进行早期识字教育、教学游戏化与游戏教学化之争等。

（三）行政指令和科研规划

具体教育工作总是受国家大的教育方针、政策、发展规划指导的，新的政策与规划的出台，必然带来托儿所、幼儿园工作的变化，从而产生新问题、新需求，也就会出现新的研究课题。在国家颁布学前教育方面的法律法规和文件之后，地方教育行政部门往往会推出配套的幼教改革工程，其中就包含着大量与学前教育有关的课题。如《幼儿园教育指导纲要（试行）》（以下简称《纲要》）颁布之后，各地都设立了《纲要》试点园，要求各试点园进行相关的幼教科研，以落实

《纲要》精神。那么,从中可以找到哪些幼教科研课题呢?如《纲要》"总则"部分提出"幼儿园应与家庭、社区密切合作,与小学相互衔接,综合利用各种教育资源",其中就蕴含了幼小衔接研究、幼儿园如何与社区合作的研究以及幼儿园或教师如何有效利用各种教育资源的研究等。

上述几种途径,虽然是选择研究课题的主要途径,但仍然未能包括所有的方面。人们还可以根据自己感兴趣的方面,通过其他途径去选择研究课题,如从选修有关课程、实地观察教育教学现象、整理学习笔记以及与专家和同学同事讨论和争辩中寻找研究课题。

总之,学前教育是一种复杂的社会现象,涉及问题众多,我国的学前教育理论和实践中存在的问题更是多种多样。况且,学前教育与我们每个人关系密切,只要我们做个有心人,认真学习教育理论,深入教育实践,勇于探索,积极动脑,就会发现很多值得研究的问题。

第三节　学前教育研究课题确立的过程

从产生研究动机到提出研究课题再到确立研究课题是一个层层递进的复杂过程。由于研究课题的选择具有灵活性和多样性,研究者的科研水平各不相同,所以选择和确立研究课题的过程没有固定的模式,初从事科研的研究者可以按照本节介绍的基本原则和一般程序进行操作。

一、学前教育研究课题选择的原则

(一)价值性原则

学前教育科学研究选题的第一条原则是选择的研究课题要有价值,这包括三个方面。

1. 理论价值(理论意义)

这是指所确定的课题应符合学前教育科学本身发展的需要,有利于检验、修正和发展学前教育理论,有利于建立科学的学前教育理论体系。这类课题要求在学前教育理论上有所突破或者有重要的补充和完善。

2. 应用价值(实践意义)

这是指所确定的研究课题应符合社会和教育事业发展的需要,有利于提高学前教育质量,有利于儿童的发展,有助于解决学前教育发展过程中出现的各种问题,其研究成果对学前教育改革与发展有直接的指导意义。如“学前教育办园标准和幼儿园准入制度研究”“探索型主题活动与幼儿教师专业发展的研究”等课题。

3. 普遍价值(普遍意义)

这是指选题要有利于提高学前教育的质量,要从教育发展的实际出发,选择被大家普遍关注的问题,要考虑其研究成果是否具有客观规律性、普遍性和推广性,如“幼儿园保教质量评估监管体系研究”等课题。

(二)可行性原则

可行性是指选题必须注意完成研究任务的可能性,必须考虑主观和客观的研究条件。课题研究要在主客观条件统一的基础上进行,否则有可能半途而废。

主观条件是指研究者的知识结构、智力层次、研究能力、思想水平、科学品格、心理素质、专业特长和兴趣爱好等。人的才能是有差异的,有人擅长观察,有人擅长实验,有人擅长逻辑推理,每个人在学术上的造诣也各不相同。因此,如果选题能发挥个人所长,避其所短,研究必定事半功倍。

客观条件应考虑这样三个问题:一是课题研究所必需的文献资料,通常需在占有资料的基础上选题;二是完成科研所需的物质条件,有的课题需要通过实验设备和技术手段来完成;三是要有一定的科研经费,有些重点课题,会得到一定的经费资助,有的课题需自筹经费。除此之外,研究基地、协作条件、领导的关注、家庭成员的支持、相关学科的影响和社会环境等也是重要的客观条件。

(三)创新性原则

研究课题要有创新性。对于理论性的研究课题来说,要求有新发现、新观点、新见解;对于应用性的研究课题来说,要求有新内容,有解决问题的新途径、新方法。创新性是科学研究的重要属性,选定的研究课题应是前人未曾涉及或尚未完全解决的问题。要做到这一点,就要把研究课题的选择建立在总结和发展过去有关学科领域的理论和实践成果的基础上,没有这个基础,任何新发展、新突破都是不可能的。科学上的重大成果,几乎都是科学工作者在前人工作的基础上一步步取得的,即使是被人认为新开辟的领域,也仍然有同时代其他人的工作为其提供了相关条件。因此,要通过广泛深入地查阅文献资料和调查,搞清所要研究的课题在当前国内外已达到的科研水平和已取得的成果,了解是否有人已经、正在或者将要研究类似的问题。如果要选择同一问题作为研究课题,就要对已有工作进行认真审视,从理论本身的完备性、研究方法的科学性等方面进行评判性分析,在此基础上,重新确定自己研究的着眼点。只有在原有研究成果基础上突破和创新,才具有研究的意义。

根据实际情况不同,课题的创新要求一般可分以下三个层次。

第一,独创性。这是高层次的创新课题,它要求提出没有人提过的新问题,开辟无人涉及的研究领域,创立新的理论体系、教学流派和教学模式等。

第二,再创性。这是中层次的创新课题,其中有的是将别人的研究课题加以组装、分解和改造后再生出的新课题,有的是将已有的研究课题运用到新的领域、情境、学科等实践中,又在某方面有所创新。

第三,自创性。这是低层次的创新课题,它只要求对自己来说是前所未有的,对自我发展是有利的,但并不要求对社会、对别人有什么创新价值。

(四)科学性原则

课题的科学性是指课题的提出要有一定的实践和理论基础,课题的表述要符合一定的规范。选择课题首先要有一定的事实依据,学前教育研究课题应从学前教育实际出发,解决学前教育实践中的实际问题,促进学前教育的改革和发展。

学前教育理论对选择课题起着定向、规范和解释的作用,没有理论指导的课题起点低、盲目性大,研究价值也将大打折扣。因此,选择课题还应以一定的学前教育理论为依据,应该在对学前教育的历史、现状,他人的研究成果和各方面资料进行收集、整理和分析的基础上,再经过严密的科学论证形成课题,切忌主观想象、盲目选题。例如课题“学龄前儿童全脑型体育教育的实验研究”就是紧跟脑科学发展的总体趋势,依据现有教育理论与方法而确定的,最终被批准为全国教育科学“十五”规划课题。

课题的科学性还要求选择的问题具体明确，不能太宽、太大、太复杂，表述要清晰，要有利于研究的设计与实施。对于学校（幼儿园）的教师来说，更应立足于自己的教育实践，不妨先多开展一些“小课题研究”，从微观课题做起，逐渐拓展出系列课题，构建起课题群，形成研究特色。

二、学前教育研究课题确立的过程

尽管在前面章节中介绍了学前教育科研选题的范围和课题的来源，但是对于初涉科研的研究者以及部分幼儿教师来说，选择并确定一个适合自己的研究课题仍然是一件困难的事情。因为包括选题在内的整个研究过程并非一个纸上谈兵的过程，况且选择研究课题是整个研究过程中最为重要的一步。因此，学前教育专业人员还应学会以下更加具有实践操作意义的选题程序。

（一）初选课题

研究者绝不是为了研究而开始研究的，所有的研究都是为了解释或解决真正的问题。因此，选题的第一步其实就是找一个符合选题原则的、符合自己兴趣和特长的研究课题。

1. 认真思考自己的专长和兴趣

初步涉足学前教育科研，可以先问自己一些问题，如：自己适合做基础性研究还是应用性研究；哪一门课程或哪方面的工作是自己最擅长的；在学习或工作中有什么比较特别的感想、经验，或者困惑、疑难；自己平时经常关注的、思考的、常常想和人讨论的专业问题是什么；哪一部学术著作或期刊文章引发了自己较多的思考、联想或探究兴趣。这些都有可能成为触发自己研究冲动的重要灵感来源和基础。

2. 努力捕捉问题

无论是从哪一个选题来源中获得了灵感，刚开始的问题很可能都是模糊不清的，这就需要进一步思考，努力使问题清晰起来。使问题清晰起来的策略，除了深入思考之外，还有初步查阅相关文献、进行初步的调查、与人讨论等。如一名学前教育专业的本科生在老师提供的毕业论文选题中选择了“幼儿园男教师个案调查研究”这一课题，但其实这一课题还很不明确，他必须思考并与指导老师共同讨论如下问题：调查的目的是什么，调查多少个案，在什么范围内调查。

3. 明确研究问题，初步形成课题

从问题到课题是需要一个过程的。这个过程就是“课题聚焦”，也就是使问题具体化，它的主要任务就是将已经确定的研究问题缩小范围，并对研究问题进行分解，逐步使问题变得具体、清晰、具有可操作性。如上文中那位大学生，可以把调查的目的明确为“幼儿园男教师的生存现状”或“幼儿园男教师的专业成长特点”等，可把调查范围缩小到某市，这样课题就可初步定为“某市幼儿园男教师生存现状和专业成长特点的个案研究”。

（二）课题初探

初步选定一个研究课题后，我们需要对其进行必要的探索。探索过程主要围绕课题研究的内容、方法以及研究的价值和研究的可行性等方面进行。

第一，广泛查阅有关的文献资料。目的是了解所选定的课题有没有人做过，会不会是重复研究，哪些方面已有人做过研究，取得了哪些成果，这些研究成果存在什么不足。

第二，与他人讨论。可以与同行、专家和研究合作人讨论与请教，以进一步明确研究的目的、意义，明确研究的内容和主要要解决的问题，探讨研究的方法。同时对研究的可行性进行论证。

第三，进行相关的调查工作。可根据需要进行预备性的观察、访谈或实验。这些工作的主要目的是了解所选课题所涉及的具体情况，对所选课题有一个更明确、更深入的理解。

（三）确定课题

经过上一步骤，最初的想法会有些改变。通常可能更具体明确了，理解更深入了。这样就可以把研究课题确定下来。也可能发现最初引起你研究冲动的地方其实并不是问题的关键所在，经过初步探索找到了问题的关键，这就要对初选课题进行调整。也可能发现初选的课题并不适合研究，如意义不大或不具可行性，这就要重新选题，而重新选题的过程可能需要回到第一步，也可能在现在的基础上提出新发现、新想法。

(四)课题具体化

前三步只是确定了一个要研究的课题,也就是明确了研究的具体问题。而事实上要让这一课题能够正式进入研究阶段,要做的事情还有很多,使课题具体化就是其中之一。课题具体化包括以下三方面的工作。

1. 明确研究目标

明确课题的研究目标就是把在确定研究课题的过程中所提出的主要研究目的、任务进行分解,围绕主要研究任务确定具体研究任务的过程。研究目标就是指通过课题研究,希望解决的问题和将要取得的成果。也可以把课题研究的目标分成三个层次,即任务目标、状态目标和成果目标。

2. 确定研究的论域范围

确定研究的论域范围包括两层含义:一是确定研究对象的范围;二是确定研究内容的范围。也就是说,根据研究任务或具体的研究目标,把研究对象和研究内容限定在一个明确而又合理的范围内,使研究任务更加清晰、明确。如:“幼儿园男教师生存现状的个案研究”这一课题,就是把研究对象限定为幼儿园男教师,女教师自然就被排除在外;研究内容是生存现状,可以包括他们的生存条件、生活与工作的状态、职业认知、社会接受度等。但如果研究条件有限,还可缩小论域范围,如把研究对象限定为“某省”甚至“某市”的幼儿园男教师,把研究内容限定为他们的职业认知或职业幸福感研究等。

3. 选择研究方法

选择研究方法是研究者在确定课题研究目标的基础上,根据主要研究任务和具体研究目标的需要,拟定各种可能采用的研究方法的过程。研究者首先应从方法论的角度对研究课题的目标、性质、必备的研究条件进行认真分析,进而与掌握的有关同类课题的研究方法进行分析、比较,在此基础上拟定各种可能采用的研究方法。研究方法的选择过程经常伴随着研究方法的补充、修改。值得注意的是,在研究方法的拟定和选择过程中,不仅要考虑研究对象的抽样方法、研究指标的确定方法和搜集资料的方法,还要同时考虑整理资料和分析资料的方法。研究方法的拟定、选择和确定,应该从以下几个方面进行综合考虑。

(1)研究方法的有效性。即研究方法与课题研究目标的关联程度,也就是采用这一研究方法是否能完全实现课题的研究目标。

(2)研究方法的经济性。即采用这一研究方法是否有利于在课题研究中尽可能减少人力、财力的投入。

(3)研究方法的亲和性。即研究者对这一研究方法的兴趣,是否能熟练运用等。

(4)研究方法的新颖性。即这一研究方法是否能利用最新的科学技术成果,是否在研究方法上有创新和突破。

三、确立研究课题时应注意的几个问题

(一)研究问题与个人兴趣的关系

学前教育科学研究需要兴趣,兴趣是进行艰苦的科学研究工作的动力源泉。然而,完全从兴趣出发,忽略学前教育科学研究的大方向,会导致研究的意义不大,或者研究无法进行。因此,个人兴趣应在教育科学研究的大方向的指导下培养和发展。

(二)理论研究和应用研究相结合

指研究者在选择课题时,既要注意克服过于偏重理论研究而对学前教育实践问题不够关心的倾向,也要避免应用研究中缺少理论指导或理论水平较低的情况。

(三)冷题、热题与一般问题的关系

学前教育科学研究的冷题、热题很多,研究起来有新意,相对容易出成果。但如果热衷于追热点、造冷题,最终会导致研究成果的零碎肤浅,难以形成系统深厚的理论根基。因此,在一定时期内,稳定一个研究方向,并在这个方向不断延伸,才能在一定领域中取得丰硕成果。

(四)克服选题中的几种不良倾向

不良倾向包括:内容宽泛,无从着手;研究目标模糊不清;问题太小,范围太

窄,意义不大;为了创新而创新;以现有条件研究困难,资料缺乏;经验感想之谈,无法成为科研课题。

思考与练习

1. 简述学前教育研究课题的来源。

2. 确立研究课题要经历哪几个阶段?请结合研究实例进行说明。

3. 选择一个自己感兴趣的问题,拟定具体的研究课题。在实际操作的过程中回答:这个课题属于哪个研究范围?选题过程中坚持了哪些原则?确定研究课题的过程是怎样的?

第三章 文献的收集与整理

学习目标

1. 了解文献的类型，熟悉和掌握文献检索的过程、途径和方法。
2. 掌握文献整理和加工的步骤和方法。
3. 学会撰写文献综述。

第一节 文献概述

在学前教育研究过程中，文献资料占有十分重要的地位。在选题时，需要了解与课题有关的背景资料；在研究过程中，需要及时了解与课题有关研究的进展情况；而在对研究结果进行分析时，还需要用文献资料来充实论据。因此，学前教育科学研究文献的查阅是学前教育科研工作中一个重要的步骤。

一、学前教育研究文献的含义及特点

（一）文献的含义及要素

1. 文献的含义

文献指以文字、符号或图形等方式记录人类活动或知识的一种信息载体，是人类脑力劳动成果的一种表现形式。

文献有三个基本要素。一是要有一定的知识内容。没有记录任何知识内容的物体,如空白纸张、空白磁带、空白胶卷等,就不是文献。二是要有一定的物质载体。没有记录在一定载体上的知识,如人们头脑中的知识、口头传递的知识等,就不能称为文献。三是要有一定的记录手段。如文字、图像、符号、声频、视频等。

2. 学前教育科学研究文献

学前教育科学研究文献是指记载了有关学前教育信息和知识的载体,包括各种手稿、书籍、报刊、录音、录像、幻灯片、磁盘和光盘等,它是对人类从事教育活动,尤其是学前教育科学研究的客观记录。

在高速发展的科学技术推动下,随着人们研究工作的不断深入,学前教育科学文献资料也显示出了许多新的特点。

首先,学前教育科学文献的数量急剧增加。如有关学前教育科研的书籍大量出版,专业杂志日益增多,研究领域不断扩大,研究报告和论文数量成倍增长。

其次,各种学前教育科学文献的内容交叉重复、互相渗透。这实际上也反映了当代科学技术发展的潮流。

再次,文献资料分布较为分散。主要体现为收藏储存的分散和内容的分散。如属于同一学科、同一专业的文章,往往分散在其他许多学科的杂志上,而属于某一学科、专业的杂志有时又刊登许多其他学科的文章。此外,翻译文献增多,语言障碍增加,术语不统一,文章发表迟滞,文献来源情况复杂,记录手段和载体多样化等等,也是当代学前教育科学文献的一些重要特点。

(二)文献的种类

文献资料极其丰富,内容多样,形式各异,常用的分类方式见表3-1。

表 3-1 文献资料分类方式及文献类型

分类方式	类型	特点
加工程度	零次文献	零次文献即曾经历过特别事件或行为的人撰写的目击描述或使用其他方式的实况记录，是未经发表和有意识处理的最原始的资料，也可视为第一手文献。这类教育研究文献包括未发表付印的书信、手稿、草稿和各种原始记录。历史形成的零次文献大都收藏在档案馆和博物馆内，分为非个人文献和个人文献
	一次文献	这主要是指作者根据本人的研究成果或经验创作和撰写的文献。有时也把一次文献称为原始文献，像期刊论文、科技报告、会议论文、专利说明书、技术标准以及部分学位论文等，都属于一次文献。这类文献直接记录事件经过和研究成果，具有较高的直接参考和借鉴使用价值，比较分散，系统收集和查阅有一定困难
	二次文献	这是指文献工作者对一次文献进行加工、提炼和压缩之后而得到的产品，是为了便于管理和利用一次文献而编辑、出版和累积起来的工具性文献。二次文献包括文摘、索引、题录、书目。二次文献通常是由文献工作者来完成的。这类文献是对一次文献的摘编、分类或合辑，具有报告性、汇编性和简明性的特点
	三次文献	这是在一次文献、二次文献的基础上，对其内容做进一步的综合分析，而后撰写成的科学著作，如专著、综述性论文、专题述评、学科年度总结、年鉴、动态研究手册、百科全书等。三次文献具有资料丰富、信息密度大、学术价值高、使用寿命长等特点，所以三次文献也称参考文献。其通常都是由专业人员撰写或编辑的

续表

分类方式	类型	特点
出版形式	图书	按照联合国教科文组织的规定,页数达到49页以上的印刷品才能称为图书,页数小于49页的称为小册子或零散资料。如果想对某一陌生领域获得初步知识,或对范围较广的问题获得一般性的认识,参考阅读有关图书较为合适
	连续性出版物	连续性出版物是连续以分册发行的刊物,其分册有期数、年度、月份,但没有预定的终止期。它包括定期出版物和不定期出版物,如期刊、报纸、年鉴、会议录等
	特种文献	这类出版物一般单独成册,有的不公开发行,有的还需要保密,如科技报告、专利文献、政府出版物、会议文献、学位论文、工程图纸、技术标准、产品样本等,统称为特种文献。它报道及时,类型复杂多样,内容广泛新颖,从不同的角度反映了当前科学技术、发明创造的最新水平和发展动向,具有十分重要的参考价值

对学前教育科学研究文献进行等级划分,有助于文献的管理、利用和传递,有助于使广博而分散的文献集中而有序,使隐含的信息明朗化。但是,目前随着全文型电子出版物的出现,以及网络化文献传递服务的广泛应用,一次文献和二次文献的界限变得模糊了。全文型电子期刊可以集一次文献、二次文献于一身,用户在获得检索结果的同时就可获得原文。对学前教育科学研究文献进行分类,也有助于指导研究者更好地利用文献资料。由一次文献到三次文献,经过加工与压缩,使分散、繁杂的原始文献更加系统、概括、简明。在查阅文献资料的时候,既要善于利用这些经过加工与压缩的二次和三次文献,又要注意把主要精力放在对最有参考价值的一次文献的研究上。

二、学前教育科学研究文献的分布

由于创造、记录与传播的方式不同，学前教育科学研究文献资料的分布极为广泛。

（一）书籍

书籍主要包括教科书、专著、资料性工具书和通俗读物等。它是教育科学文献中品种最多、数量最大、历史最长的一种情报源。

1. 名著

名著指一个时代某一学科或流派最有影响的权威性著作，是治学和研究的基础，是有志从事教育科研的教育工作者的必读书。例如，马克思主义经典作家的教育论著，古今中外著名教育家、哲学家的教育著作等。又如我国最早的教育专著《学记》、捷克教育家夸美纽斯的《大教学论》、德国教育家赫尔巴特的《普通教育学》、美国教育家杜威的《民本主义与教育》等。

2. 专著

专著是指就学前教育领域某一学科或某一专门问题进行系统、全面、深入论述的著作（包括论文集）。在专著中作者往往系统地阐述和讨论某一问题产生和发展的历史、研究的历史进程、研究的方法与成果、不同学派的观点和争论，分析问题的现状及其发展趋势，并结合大量新颖的材料，反映学术研究的最新进展。专著大都是作者多年研究的心血，其中有自己独到的见解和新颖的材料，因此其参考价值大于教科书和一般性论著。专著中还经常附有大量的参考文献和书目。由此可见，专著的内容对科研工作者有着较高的参考价值，研究者应注意查阅。论文集是围绕某一专题汇集诸多学者有代表性的学术论文的专集，它的信息量大，学术价值较高，如瞿葆奎主编的26卷本《教育学文集》等。

3. 资料性工具书

资料性工具书主要有辞书（辞典）和百科全书两种。通用的辞书，如《辞海》（上海辞书出版社）、《教育大辞典》（上海教育出版社）等。这些辞书对我们检索有关教育的名词术语很有帮助，具有一定的权威性。专业性辞书，如《幼儿教育百科辞典》，它是以条目的形式阐述各种名词术语，内容规范、准确。教育百科全书是汇集各门教育科学分支学科知识的大型工具书，它概述了教育科学各主要学科领域迄今为止取得的进展，如《中国改革全书（1978—1991）·教育改革卷》《中国大百科全书·教育》《简明国际教育百科全书》等都是具有高度学术价值和实际意义的专业性工具书。教育科研工作者无论想从事哪一方面的研究，都可由全书循途而入，得窥全貌。

（二）报纸和期刊

报纸和期刊均属连续出版物，出版周期短，更新速度快，内容新颖，论述深入，能及时反映研究活动的动向，是科学研究者重要的参考文献。而且报纸和期刊数量大，种类多，内容丰富。

1. 报纸

报纸是以刊登新闻报道和评论为主的定期连续出版物，大多为日报或周报。由于报纸出版迅速、情报报道及时，对于研究者来说是重要的科研资料来源。目前我国出版发行的有关教育方面的专业性报纸有几十种，如《中国教育报》《教育文摘周报》《上海教育报》《教育时报》《教育导报》《中国教师报》《德育报》等。这些报纸汇集了国内外各类教育信息，反映了教改动态和教育科研动态，具有重要参考价值。

2. 期刊

期刊是定期出版的刊物，如周刊、月刊、季刊等。由于期刊出版周期短，内容新颖，论述深入，发行量大，影响面广，能反映学术界最新研究成果，而且便于借阅，是查阅文献较有效、较简便的途径。所以，它是科学研究的主要参考资料。我国现有的教育专业期刊有 400 多种，其中，学前教育领域或相关学科领域的期刊主要有以下三种类型。

（1）专业学术性杂志。这类刊物主要刊载科研工作者撰写的科研论文、各种形式的研究报告，对问题的讨论和阐述较充分、深入，理论色彩浓厚。对与自己的研究方向有关的学术杂志，科研工作者应经常阅读，在研究活动中尤其应注意查阅内容与课题有关的篇章。目前在学前教育领域中较有影响的有长沙师范学院、中国学前教育研究会主办的《学前教育研究》等。

(2)专业综合性杂志。专业综合性杂志主要是指兼容理论研究与实践指导的刊物,每期杂志既刊载一定数量的理论性文章或研究报告,又刊载有关教材教法方面的探讨和教育经验交流方面的文章。在我国学前教育领域有较大影响的有中国人民大学主办的《幼儿教育导读》,以及《幼儿教育》《幼教园地》等,此外还有一些地方或部门的未公开出版的刊物。这类刊物能及时反映学前教育实践活动的动态,对研究工作也具有较高的参考价值。

(3)文摘类杂志。这是一种情报索引刊物。例如,中国人民大学情报资料中心编辑出版的各门学科的复印资料就属这类杂志,它将全国各种报刊发表的文章和研究报告按学科汇总,编印成册,定期出版,内容有全文复印和篇目索引,可帮助研究者及时掌握某一特定课题的文献概况。

【资料】

国内学前教育类的几种期刊:

《学前教育研究》,长沙师范学院、中国学前教育研究会主办

《当代学前教育》,湖北少年儿童出版社主办

《学前教育》,北京教育音像报刊总社主办

《幼儿教育导读》,中国人民大学主办

《早期教育》,江苏教育报刊社主办

《幼儿教育》,浙江教育报刊总社主办

(三)教育档案

档案资料是人类在各种社会实践中直接形成,并具有保存价值的原始文献资料,其种类和内容都极为丰富,包括教育年鉴、教育法令集、教育统计资料、教育调查报告,以及学术会议论文、资料汇编、名录等。

1. 教育年鉴和手册

教育年鉴主要是对一年内重要教育事件和各项统计资料的系统汇集。手册是某一方面经常需要查阅的文献资料或专业知识的工具书。目前,我国已经出版的有关教育方面的年鉴有《中国教育年鉴》《中国教育统计年鉴》《中华人民共和国教育大事记》《中国教育大事典》《中国近代教育大事记》等,这些工具书对了解我国某个时期的教育概况,如教育方针、制度、经费、各类教育计划指

标等有特殊意义。

2. 教育法规集

教育法规集是指有关教育政策法规等指令性文件的汇编。它集中反映国家的教育方针政策、法律法规和统计数据等情况，是全面了解教育状况的有效资料，如全国教育统计资料和北京市教育行政部门每年编印的《教育工作文件选编》等。

3. 学术会议文献

学术会议是当代学术界进行学术交流的重要形式之一。在学术会议过程中或会议前会散发的相关论文、会议报告、纪要等，就是会议文献。学术会议文献往往反映了一门学科某一领域的研究动向和研究成果，反映了国内外的最新学术发展情况。教育学术会议提供的文献是教育科研资料的一个重要来源。

4. 学位论文

学位论文是研究生进行专题研究后为取得某种学位而撰写并提交的科研论文，具有一定的独创性，一般选题论证充分，文献综述全面，探讨问题比较专深。学位论文多数不公开发表，由研究生招收单位保存，中国国家图书馆、中国科技情报所等都分别收藏了部分各个级别的学位论文，目前一部分学位论文可以在中国知网查阅。

(四)电子资源

所谓电子资源就是存储在光盘等媒体形式中的机读文献，或者互联网的电子资源，是高科技的产物。如电子图书、电子期刊、各种联机信息库和光盘数据库产品等，这种文献比印刷型文献信息承载量大，应用起来也更为便捷和高效。除了图书馆的各种电子文献资源，研究者或幼儿教师还可以从网上轻松获得有益的学前教育资源。比如，访问一些有学前教育专业的大学的网站、专门的学前教育门户网站、国外的一些大学和教育研究机构网站等，也可以通过必应、百度等搜索引擎查找专业文献资料。

第二节　文献收集的过程和方法

研究者在确立研究问题、提出所研究问题的陈述后，就要开始准备收集文献，整理文献了。文献的收集绝非一项简单轻松的工作，研究者要从各种不同的资料中获得大量的有效信息，要对资料进行细致系统的整理、阅读和加工，对收集的文献进行全面透彻的了解。

为了提高研究效率，查阅、收集文献应该有技巧、有步骤地进行。首先，确定与研究问题相关的关键内容；其次，进行文献检索；再次，整理、筛选和加工文献；最后，撰写文献综述。本节将对文献的检索和整理加工进行详细叙述。

一、文献检索

根据本章第一节所介绍的文献类型和特点，我们可以在一定的范围内有针对性地进行文献的检索。文献检索就是在众多的文献中迅速、准确地查找出符合研究需要的信息和方法，是一种寻求知识、获取知识的途径。如果想要从数量庞大，类型复杂的文献中快速、准确、完整地获得所需文献，那么研究者就需要了解和掌握文献检索的基本过程和方法。

（一）文献检索的过程

文献检索是一项实践性很强的活动，它要求我们善于思考，并通过经常性的实践，逐步掌握文献检索的规律，从而迅速、准确地获得所需文献。

进行文献检索前要做好相应的准备。首先，要分析研究课题，从而明确查阅检索文献的范围和内容。要在课题的题名中准确地找出关键性词语，关键词语往往会体现课题的研究方向，故将其作为相关检索词进行文献检索。其次，确定进行文献检索的范围，一定要确定一个较为合适的时间范围。一般的研究都会对文献的产生周期有一定要求，因各学科领域的研究时常更新，所搜索的文献资料也不能太过陈旧，若是期刊资料，最好是本学科领域五年内的研究文献，若是著作则可放宽些时间要求。再次，要明确查阅的文献的载体形式，这会影响到查到的文献的数量和质量。另外，就是要选择和确定检索途径和方法，根据文献的一些外部特征(如作者名、文献名、代码等)或内容特征(如分类目录、主题词、关键词等)进行查找。最后,根据检索线索,找到文献所藏所在,索取所需文献。到此文献检索的过程也就基本完成了。

例如,"幼儿教师职业倦怠研究",这个研究以幼儿教师的职业倦怠问题为研究主题,首先确定"职业倦怠"这个关键词,课题主要针对幼儿教师中存在的这一类问题进行研究,力图寻求对策,因此可以将"教师职业倦怠"作为搜集文献资料的主题范围,并在这个资料范围内着重了解对幼儿教师职业倦怠的现状、根源等方面的分析和研究。明确了这个方向后,也要确定所要检索的文献的载体形式,可以在教育著作、教育期刊中查找相关文献资料,利用图书馆等信息资料机构的文本形式的检索途径,或者通过联机检索等电子文献检索途径进行文献的检索和资料收集。同时根据研究的需要和实际条件确定文献的时间跨度和地域范围,如近五年的期刊论文或学位论文,近十年的关于教师专业发展、教师心理健康调适等的相关著作,国内的各种相关研究或是国外文献等。

(二)文献检索的方法

学前教育科学研究文献查阅的方法多种多样,不同的方法有不同的特点和不同的适用范围。现有的检索工具可分为手工检索工具和计算机检索工具两种。

1. 手工检索工具

(1)目录卡片。所谓目录卡片就是摘录文献资料的主要信息按照一定格式制作而成的卡片,主要内容有文献的题目、作者、出处、发表年月、编号等。一般的图书馆或资料中心都对其收藏的文献制作了目录卡片,并按某种方式分类存放,便于使用。一个设施较完善的图书馆一般同时具备三套目录卡片,即分类目录、书名目录和著者目录,研究者可根据自己的情况选择其中一套使用,也可同时使用多套目录进行检索。

(2)资料索引。所谓资料索引是汇集了一定时间内各类文献的题目、出处和作者姓名的检索工具。其特点是分类明确统一,检索方便快捷。其主要种类有综合目录索引、报刊目录索引、专业目录索引等。目前,供学前教育科研工作者使用的主要是有关情报部门编辑的综合性或专业性索引(如《报刊资料索引》《中文报刊教育论文索引》等)和各种期刊每年最后一期刊登的该期刊全年目录索引。

2. 计算机检索工具

现代社会计算机技术飞速发展,为图书馆的文献资源管理和利用提供了高技术支撑,这也使得文献检索越来越便利。计算机检索也称为电子文献检索,是利用计算机对存储的电子文献资料进行的检索,也包括通过网站的搜索引擎和教育网站进行的文献检索。

(1)图书馆馆藏资源的电子检索。利用图书馆的管理系统,进入其检索界面,输入书名、作者名、出版社等相关信息,就可以进行著作等文献的查找,按照其提供的索书号和中图分类号等线索,可以借阅相关书籍。另外,图书馆也往往会有一些数据库文献、电子书等电子资源以供使用,如人大复印资料光盘,这类资源和网络资源不同,是相对静态的数据库资源,可以利用计算机对光盘资料进行读取和检索,按照文献资源的篇名、作者、时间等相关线索进行查找。同传统的手工检索相比,计算机检索的速度较快,检索时涉及的范围大,可以同时检索多个数据库,很便利。

(2)利用网络搜索引擎进行检索。搜索引擎是互联网上应用的软件系统,是查找文献资源的检索工具。它是利用一定的计算机程序进行信息的搜集和处理,并不断更新的庞大的索引数据库,为文献使用者提供服务。需要注意的是,利用网络搜索引擎查到的资料,随意性大,较为混乱,没有系统性,有的文献会标明初始文献的来源,如引自某一专业期刊、来源于某教育网站或者是本网站原创文献,而有的网页上呈现的文献并不注明原始出处,甚至可能会有未经验证的、虚假的文献信息。因此,在利用网络搜索的过程中,一定要认真阅读,慎重筛选,注意最初来源,也要注意其内容表达的逻辑性、专业内容的权威性。

(3)利用网上数据库检索文献。网上数据库由专门的信息情报机构建立,包含教育信息在内的各领域文献信息都比较丰富,从内容和种类看,其专业性强,信息涵盖量大。在进行学前教育研究时最常用的网上数据库有万方数据库、中国知网、维普资讯等。

【资料】

国内主要的计算机检索数据库

中国数字图书馆

中国知网(CNKI)学术文献总库平台

万方数据知识服务平台

超星电子图书平台

方正阿帕比数字资源平台

一些可以获取学前教育资源的网站

教育部网站 www. moe. gov. cn

人民教育出版社网站 www. pep. com. cn

中国教育在线 www. eol. cn

首都图书馆 www. clcn. net. cn

中国人民大学书报资料中心 zlzx. ruc. edu. cn

中国学前教育网 www. preschool. net. cn

幼儿教育网 www. jy135. com

幼儿教师网 www. yejs. com. cn

上海学前教育网 www. age06. com

二、文献的整理与加工

研究者通过文献查阅搜集并记录了很多资料,随后就要决定如何利用这些信息了。研究者必须将这些资料进行分类整理,使之条理化,首先要剔除无关的信息,然后对有用的信息进行细读、分类、归纳、总结,将有用的信息以某种形式保存下来,以便需要时提取使用。我们通常把这一过程称为文献的整理和加工,主要是指对检索到的分散的、无组织的原始文献进行阅读、筛选、分类、归纳,使之浓缩化、有序化的工作过程。文献的整理和加工通常按以下的步骤和方法进行。

(一)下载或打印文献

首先以关键词查找到文献,将文章全部下载或打印下来,记录并制作清单,为后面写参考文献所用,不要轻易地剔除原始文献或者自己整理的材料,以备后续研究查阅。

例如,以“农村留守学前儿童”为关键词查找近五年来的相关文献,共检索到百余篇,剔除一些重复的、质量不高的文献后,将所有文献下载下来,也可以挑几篇特别重要的文献打印下来留待精读并进一步深入研究和学习。

(二)阅读和筛选文献

第一遍,粗略地阅读文献。建立一个“无关文章”的文件夹,再建立一个文件夹,名为“较少关联文章”,剩余的文章为重点阅读的文献。边阅读边将文献归入不同的文件夹中。

与此同时,还要边阅读边辨别和筛选文章。尽可能不用感想性文章或小豆腐块文章;对于明显抄袭的文献,则剔除和放弃;对于重复发表、杂志级别相差无几的文章,只保留或标注出发表年份更早的文献;对于重复发表、杂志级别不同的文章,选择发表于较高级别杂志、具有权威性的文献作为参考;对于作者和主要内容相同,但详略不同的文章,选择内容详细的文章作为参考。

第二遍,精读需要重点阅读的文献,看与研究问题紧密挂钩的文献。边看边记录,并且整理思路,为撰写文献综述做准备。特别要注意保留、细读硕士和博士论文,本领域研究专家和有关课题组发表的系列研究论文,细看和整理其他专业人员的研究,尤其是其研究方法和研究发现。此外,阅读文献时还要注意拓展研究范围,边看边补充文献。比如:将关键词的范围再扩大,参考文献中涉及的文章要及时补上。

(三)做登记写摘要

在研读过原始文献后,研究者通常要对每一篇阅读过的相关文献做目录登记。一方面可以为以后重新阅读和查询提供线索;另一方面也可为课题研究准备参考文献和参考书目。目录登记内容一般包含以下信息:作者、题目(主题)、书刊名称、译者、卷数或期数、出版年月、页数等。

目录登记后,我们要为每一份文献写摘要。摘要是关于一份文献主要信息的总结。研究者在阅读原始文献过程中做摘要,目的主要是根据研究需要进行有针对性的资料积累,作为课题研究的参考和写文献综述的依据,以备今后查考。摘要要用简练的语言,概括反映文献的特征、要义、梗概。摘要提供的信息是原始文献信息的浓缩。如果文献是书,摘要内容主要包括主题、概述、评论三部分,可利用内容提要、前言、后记、序、跋等进行撰写;如果文献是研究报告,摘要内容包括问题、方法、结果。当然每份摘要前要有完整的目录登记。

对于自用的、为课题研究准备的摘要,灵活度可以大一些。详略程度根据需要调整。编写摘要不是对原文中句子的摘抄,也不是简单的资料堆砌,而是通观全文，将原文的主要内容进行浓缩、加工、整理，写成意义连贯、语言简洁、表达准确、中心突出的短文。

（四）分类归纳

做完目录登记和摘要后，我们还需要根据摘要的内容对文献进行分类归纳和整理。

首先，将所有文献的摘要提取后，建一个文档保存。这是原始材料的整理，不要随意删减。将文献仔细看过和写出摘要后，完整阅读所有的摘要，看主要涉及了哪些内容，进行层层归纳，提取出大致几个板块的研究内容，可以将系列研究成果放在一起，便于综合说明本研究的发现。

其次，根据阅读文献后的印象列出一些基本框架（可用红色字标出），之后将所有文献打散，根据其具体内容填充到相应的框架中。可以不仔细整理每一段落，只是归类即可。

再次，边填充内容边思考、修改。有的内容无处可放但又确实是所要的研究内容时，需要调整框架。写好后注意看框架之内每一板块的内容是否在同一维度上，若不是则还需调整。尽可能做到各个维度在同一个层面上，避免互相包含或交叉。等框架完全确定和内容都填充完以后，再建一个文档保存起来。对内容进行归类时，要注意将作者、题名、期刊、时间和页码等信息也放在相应的内容前，防止因文章太多而造成混淆。

最后，重新理顺文中的内容，使之可读，以备后面撰写文献综述时使用。

第三节　文献综述的撰写

研究者在搜集、研究并阅读了大量的学前教育科学研究文献之后，常常要对有关课题的研究成果进行系统、全面的综合叙述和评价，以便更好地论证选题，做好研究设计等工作。这就应该了解有关学前教育科学研究文献综述的相关事项。

一、学前教育科学研究文献综述概述

学前教育科学研究文献综述是学前教育科学研究文献的综合评述的简称，指在全面搜集有关学前教育科学研究文献资料的基础上，经过归纳整理、分析鉴别，对一定时期内某个学科或专题的研究成果和进展进行系统、全面的叙述和评论。

学前教育科学研究文献综述的目的是通过深入分析过去和现在的研究成果，指出目前的研究状态、应该进一步解决的问题和未来的发展方向，并依据有关科学理论、结合具体的研究条件和实际需要，对各种研究成果进行评论，提出自己的观点、意见和建议。应当指出的是，文献综述不是对以往研究成果简单地介绍与罗列，而是经过研究者精心阅读后，系统地总结某一研究领域在某一阶段的进展情况，并需要研究者结合本国、本地区的具体情况和实际提出自己见解的一种科研工作。

开展学前教育科研离不开学前教育科学研究文献综述。查阅学前教育科学研究文献资料的主要目的之一是获得学前教育科学研究文献综述。学前教育科学研究文献综述的意义具体体现在以下两点：第一，通过对学前教育科学研究文献资料进行严密的分析总结、评价和发展趋势的预测为新课题的最后确立提供强有力的论据，为研究者今后的研究工作指明方向，使研究工作更加条理化、系统化，有更强的逻辑性；第二，完善的学前教育科学研究文献综述可以使后继的相关领域的研究者节省时间和精力，后继的研究者可在参考该文献综述的基础上，接着收集、查阅近期的文献。

二、学前教育科学研究文献综述的结构

学前教育科学研究文献综述的格式与一般研究性论文的格式有所不同。这是因为研究性论文注重研究的方法和结果，而学前教育科学研究文献综述要求向读者介绍与主题有关的详细资料、动态、进展、展望以及对以上方面的评述。因此，学前教育科学研究文献综述的格式相对多样，但总的来说，一般都包含以下四个部分：前言、主题、总结和参考文献。撰写学前教育科学研究文献综述时可按这四部分拟写提纲，根据提纲进行撰写工作。

前言部分主要是说明写作的目的，介绍有关的概念、定义以及综述的范围，扼要说明有关主题的现状或争论焦点，使读者对全文要叙述的问题有一个初步的认知。这一部分应力求做到突出重点、简明扼要。

主题部分是综述的主体，其写法多样，没有固定的格式。可按年代顺序综述，也可按不同的问题进行综述，还可按不同的观点进行比较综述，不管用哪一种格式综述，都要将所收集到的文献资料归纳、整理及分析比较，阐明有关主题的历史背景、现状和发展方向，以及对这些问题的评述，主题部分应特别注意对代表性强、具有科学性和创造性的文献的引用和评述。

总结部分与研究性论文的小结有些类似，将全文主题进行扼要总结，对所综述的主题有研究的作者最好能提出自己的见解。

参考文献一律放在文后，其书写格式要按国家标准 GB/T 7714—2015 的规定。参考文献虽然放在文末，但却是文献综述的重要组成部分。因为它不仅能表示对被引用文献作者的尊重，也是引用文献的依据，而且为读者深入探讨有关问题提供了文献查找线索，因此应认真对待。参考文献的编排应条目清楚，查找方便，内容准确无误。

三、撰写学前教育科学研究文献综述的基本要求

由于学前教育科学研究文献综述有其自身特点，它的写作既不同于“读书笔记”和“读书报告”，也不同于一般的科研论文。因此，在撰写学前教育科学研究文献综述时应注意以下五个问题。

（一）搜集文献应尽量全。掌握全面、大量的文献资料是写好综述的前提，否则，随便搜集一点资料就动手撰写是不可能写出好的综述的，甚至写出的文章根本不能称为综述。

（二）注意引用文献的代表性、可靠性和科学性。在搜集到的文献中可能出现雷同的观点，各文献在可靠性及科学性方面存在着差异，因此在引用文献时应注意选用代表性、可靠性和科学性较好的文献。

（三）参考文献不能省略。有的科研论文可以将参考文献省略，但文献综述绝对不能省略。参考文献应是反映主题全貌的，并且是作者直接阅读过的文献资料。

（四）要注意区别文献中的观点和文献综述者本人的观点。在历史发展部

分可以比较、分析文献中的各种观点；在现状分析、趋势预测和改进建议部分可以充分发表文献综述者本人的观点。

（五）文献综述的重点是比较和评价，不是具体介绍自己的研究成果，因而，不宜将自己的研究工作放在综述之中进行自我评价。即便提到自己的研究，也应同样客观对待。

总之，一篇好的文献综述，应有较完整的文献资料，有评论分析，并能准确地反映主题内容。

思考与练习

1. 根据文献内容和加工程度不同，文献可分为哪几种类型？

2. 熟悉你所在学校的图书馆电子资源，学习并练习各种中外文电子资源数据库的使用方法。

3. 以小组或个人为单位，以“近十年来我国幼儿园课本开发研究综述”为题，进行文献查阅，并写一篇文献综述。

第四章 观察法

学习目标

1. 了解观察法的概念和优缺点。
2. 理解观察法的原则和类型。
3. 掌握研究中观察法的一般步骤和常用的观察记录方法。

第一节 观察法概述

一、观察法的涵义和意义

(一)观察法的含义

观察法是指研究者凭借自身的感觉器官和其他辅助工具,在教育活动的自然状态下,对研究对象进行的有目的、有计划的考察和研究的方法。观察有广义、狭义之分。广义的观察包括直接观察和间接观察。间接观察是指研究者不直接接触,而是通过某些中介来观测观察对象。例如,“幼儿在家庭中的自主性行为及表现调查”就是通过家长的观察获得有关幼儿的情况。在婴幼儿阶段,家长和托儿所、幼儿园教师是接触孩子时间最长、接触机会最多的人,所以许多研究要通过家长或教师的间接观察,来考察幼儿的情况。狭义的观察仅指直接观察，即研究者在自然条件下，直接通过感觉器官去感知和观察研究对象的方法。所谓“自然条件”，即对所观察的现象或行为不加人为的控制，使它们以本来面目客观地呈现出来。然而，作为科学研究的方法之一，观察这些现象的过程又不能完全任其自然而毫无控制。尤其在比较正式的观察方法中，为尽量减少误差，增强结论的可靠性，观察者应当将观察步骤、途径、方式等在一定程度上纳入控制。因此，观察研究法应是一种有目的、有计划、有一定控制的研究方式。

（二）观察法的意义

观察法在儿童研究中具有悠久的历史。许多著名的教育家、心理学家都曾用观察法研究儿童。瑞士学者裴斯泰洛齐（J. H. Pestalozzi）早在18世纪下半叶就开始用观察法记录他3岁半儿子的发展情况；我国著名幼儿教育专家陈鹤琴自儿子陈一鸣出生起就开始观察，持续观察了808天，并用日记方式记录下儿子的发展，于1925年出版了《儿童心理之研究》一书；瑞士心理学家皮亚杰（J. Piaget）通过详细观察和记录，为我们提供了关于进一步理解儿童认知发展规律的大量事实与说明。所以在对学前儿童教育的研究中，观察法具有特别重要的意义，其原因主要有以下三点。

第一，采用观察法可弥补幼儿理解能力和反应方式等的局限，能观测许多用其他方法无法测量的行为。观察法特别适合于对幼儿行为的研究，旨在考察幼儿的实际行为，并不要求幼儿做出特定的反应，所以可避免在其他测试方式中有可能发生的诸如不理解指示语、做出反应时取悦于成人，或以自我为中心的思维方式等现象的干扰，能观测到许多真实的行为现象。尤其在社会情感研究领域内，使用观察法更为合适。

第二，观察法更适合运用在学前教育研究中。幼儿一般不像成人那样把测试看作是一件严肃的事，他们还不很理解在测试中认真做出反应的重要性，而往往将测试当成玩游戏一样。观察法则主要考察幼儿在自然状态下的行为，因而不需要幼儿有意识地认真做出反应，只是记录其真实、自然的表现。所以，观察法比较适用于幼儿，并可克服其他正式测试中所测结果不稳定、不可靠的缺陷。

第三，与成人和年龄较大的儿童比较，幼儿更少受到观察过程的影响，幼儿较少对观察敏感，即使在不相识的观察者面前，幼儿仍能表现其自然行为，很少作假,因而观察所得资料通常比较真实可靠。

此外,观察法还有助于我们深入理解和进一步发展有关学前儿童教育方面的理论观点。在学前儿童教育研究领域中,观察法的运用范围极广,几乎适用于各方面的各种课题。如身体发育、动作表情、口语表达、非言语行为、情绪反应、与成人或同伴的相互交往、独立性与自我服务能力、个性性格、认知发展、课堂行为的管理、教育效果的评价、环境评价、教学方法的比较、对幼儿特殊需要的诊断等等。观察法还可为实验研究提出假设做事实、经验上的准备,为形成见解、建立理论,或进一步实验研究奠定必要的基础。从某种角度可以说,实验,就是在严格控制的条件下进行观察。

总之,科学研究始于观察,观察是研究的基础,在学前教育研究中,观察法是最基本、最常用的一种方法。

二、观察法的优点和局限

观察法既可作为一种独立的研究方法,也可作为其他研究方法的辅助手段。它的作用是任何别的方法所不能替代的。只要我们认识到观察法的优点和它的局限性,在研究实践中扬长避短,就能充分发挥它的作用。

(一)观察法的优点

观察法的优点主要表现在以下五个方面。

第一,在自然状态下即时进行,生动、具体、直观,可获得第一手资料。相对来说,所得资料比较客观。

第二,可收集到非语言行为的数据和资料,便于对观察对象的行为进行研究,特别适合于对学前儿童的研究。

第三,可对观察对象做较长时间的跟踪研究,能获取行为现象发展变化趋势的有关资料。

第四,观察资料是从被试的常态行为中获得的,可以排除被试的主观反应偏差,具有较好的生态效应。

第五,操作简单,易于实施。

(二)观察法的局限

观察法也有自己的局限性,主要表现在以下四个方面。

第一,由于观察是在自然状态下进行的,不允许改变观察对象的各种条件,对可能影响观察结果的外部因素难以控制,并且难以完全重复观察和检验观察结果。

第二,观察的主观性较强,既受到观察者生理感知能力方面的限制,也受到认识能力方面的限制,往往只能得到表面的感性的材料,难以深入事物的本质和被试的心理,不易确定因果关系。

第三,受时间、地点、人力、经费等条件限制,很难进行大范围、大场面的观察,样本较少。

第四,观察通常是靠观察者的感觉进行判断、测定的,所得资料往往难以用系统方式进行编码和分类,定量困难。

第二节　观察法的原则和类型

一、观察法的原则

观察法的原则,是指研究者在进行有价值的观察活动时必须遵循的基本要求和准则。观察法的原则是在对科学观察的特点及规律深刻认识的基础上提出来的。因此,遵循观察法的原则,才能驾驭或控制观察过程,使之真正成为我们正确认识客观事实的有效途径,从而提高观察质量及科研水平。具体而言,运用观察法应遵循以下原则。

(一)观察要有严密的组织计划

研究者要在明确观察目的和任务的基础上,制订严密的观察计划。即观察者对观察活动的时间、顺序、过程、对象,使用的仪器、记录方法,设计的表格等预先做好充分的安排和准备。观察时严格按照计划进行,提高观察的效率和质量,增强所得资料的准确性、可靠性。为了提高观察的科学价值,在制订观察计划时，应考虑观察的角度问题。同一行为，可以从多个角度、多种侧面收集信息，这样才能获得关于观察对象某种行为全面的、真实的资料。另外，还应充分考虑观察的次数，保证足够的观察量。充分的观察次数和时间，有助于捕捉到研究对象的大量信息，从而加大观察的行为事件的样本，以保证所获资料的客观真实程度，否则，不充分地观察所得的信息很可能是偶然情况。

（二）观察要有一定的知识准备

首先，研究者在观察之前要做好必要的知识准备。例如，观察幼儿的自主性行为，要预先对这方面的问题有一定的认识。又如，要观察幼儿园活动室的环境，就应预先对环境中的影响因素及其教育作用有所研究和认识，并对幼儿园教育实践中的环境创设的现实状况有所了解。有人提出，观察结果的正确率与研究者是否明确观察目的并对所观察的问题是否有较清楚的认识成正相关，这是很有道理的。否则，就有可能“视而不见”或“见怪不怪”。做好知识的准备，才能使观察者具备一双“发现的眼睛”，才有可能发现值得研究探讨的问题。

其次，研究者还要做到三勤，即勤观察、勤思考、勤阅读，要注意将观察与阅读和思考相结合，这样才能透过现象抓住本质。

（三）观察要消除干扰

观察一定要尽可能客观，因此就必须消除干扰，要特别注意避免以下两种现象。

一是“观察反应性”现象。这是来自观察对象的干扰因素。所谓观察反应性，指的是当观察对象知道有人在观察他时，会改变自己的行为，做出不正常、不自在的反应。要消除或避免这方面的干扰，可以采取使观察者预先熟悉被试者的办法，观察者提前来到现场，持续观察一段时间，使被试者不再有陌生感，并对观察者在场感到习以为常，自身情绪和行为得以稳定下来，在这种情况下，再进行观察，才能获得较真实、客观的材料。

二是“观察者放任”现象。这是来自观察者本身的干扰。观察者在观察记录了儿童的部分行为后，会觉得自己对儿童的反应已经“有数”了，其行为不外是如此这般，因而产生不耐烦情绪。这样，就会有意无意地凭着前面的印象来判断儿童的行为和用概括性语言简略记录，不再严格依据客观性原则，一丝不苟地详细做观察记录。这样，积累的资料便逐渐失去精确性。因此，观察人员在整个研究过程中必须始终持一种严肃、认真的科学态度，否则，材料不客观、不准确必然导致研究结果不可靠和不科学。

（四）观察记录力求系统准确

观察记录是确保观察到的事实材料准确、客观的重要一环。因此，要讲究观察中记录的方法，力求记录得全面、系统和准确。做好观察记录要注意以下问题。

1. 尽可能详尽记录客观事实，避免主观性记录

有人曾建议观察时注意以下这六个方面的内容（6W）。

谁（Who）：行为者与行为对象。

什么地方（Where）：行为或事件发生的场景、地点。

什么时候（When）：日期和具体时间。

什么事（What）：哪种行为或事件。

怎样（How）：行为或事件的具体表现及过程如何。

为什么（Why）：判断思考行为、事件的原因等。这部分属于主观推断，应当与前面的客观事实的记录加以区分，通常用括号括出。

前面五项内容是对客观事实的记录。研究者特别要注意了解研究对象——作为行为者的幼儿的具体行为表现，包括其行为活动、言语、表情以及动作姿态等，要尽可能做详尽描述，并注意当时的情景，即行为发生的环境、背景等。还应注意与观察目标有关的全部重要信息。当观察完毕后，研究者在事后翻阅记录时脑中如能够再现观察时的情形，那么观察记录便准确有效。

2. 根据观察的目的、任务，选择适宜、有效的记录方式

观察记录的方式有很多种，以下介绍几种常用的方式。

（1）文字描述记录。这种记录方式运用最多，所获资料可长久保留而不失其价值。通常是现场实况详录。在观察现场，由于观察对象的行为往往是动态的，且转瞬即逝，研究者要边观察边记录，就会觉得十分紧张，顾及不暇，因而可能会遗漏一些内容或错过某些细节。为了使记录快、细、全，可以采用速记法或用电报语言，也可以采用自创的简化记录方式，迅速、及时把握全部重要信息，事后注意趁印象仍新鲜时，将记录补充详尽、完整。

(2)列表查核式记录。这是指将所要观察的行为预先列出项目清单,观察时,对照行为项目打钩或填某一符号进行记录。

(3)等级评定式记录。预先列出行为标准,观察者要在观察的基础上,对儿童的行为或教育现象加以评定。

(4)图示记录以及录音、照相、录像等通过仪器加以记录的方式。

选用记录方式要依据观察的目的和任务。研究者应注意无论采用哪种记录方式,都应力求做到快、细、全,尽可能全面、迅速、准确地将与所要研究的问题有关的内容记载下来,以便日后分析研究。

二、观察法的类型

学前教育科学研究中的观察法类型很多,我们可以从不同的角度来划分观察的类型。

(一)自然观察与实验室观察

这是依据观察的情景与条件的不同进行分类的。自然观察是在一般的日常情境中,随着行为或事件的自然发生与进程进行观察,不采取任何人为干预手段。实验室观察则是在实验室有控制的条件下的观察,需要设置特定的情景,规定刺激的性质,观察特定条件下的特定行为。

(二)现场参与性观察与客观观察

这种区分主要是根据观察者的不同参与身份而做出的。现场参与性观察要求观察者作为事件发生的现场成员之一,深入实地场景,参与到当时的生活、活动之中进行观察,身临其境地关注和理解所需观察研究的事物。而在客观观察中,观察人员是以旁观者的身份去观察的。

(三)系统观察与局部的个别观察

系统观察与局部的个别观察是根据对观察内容方面的不同要求而区分的。系统观察要求全面整体地了解所观察的现象或对象,通常需要一个较长的观察过程,并预先做好较周密的计划。局部的个别观察是只侧重了解某一个方面的情况,获得有关局部问题的认识。

（四）封闭式观察与开放式观察

这主要是根据在观察记录方式上能否将原始的资料信息保留下来而划分的类别。封闭式观察通常指表格记录，需预先选择行为及其项目类别，观察时视线集中于所选择的内容，而且较大程度上依观察者的判断做记录，在观察表格上画记号或打钩。开放式观察是随事件的自然进程做实况描述，其特点在于记录保留了较多细节和事件行为的顺序，事后仍能通过文字记录重现所观察的事情和现场情景。

（五）正式观察与非正式观察

这两种观察类型主要是针对观察的性质、结构以及对观察过程控制程度的不同而言的。

正式观察结构比较严谨，观察前要做大量准备工作，如需预先做周密的计划，且通常需要严格确定行为定义和编制记录表格，还需预先训练观察者、建立观察的信度。对观察结果可以进行数量化统计分析。正式观察实际上是指比较系统的有控制的观察。

非正式观察则结构比较松散，但较易于实施。非正式观察也就是通常所说的自然的描述性观察。正式观察均应在非正式观察基础上进行。研究者往往需通过非正式观察，将感性经验归纳提炼，使观察逐步集中于一定的目标或焦点，并在非正式观察中确定完善行为定义和观测的项目指标，设计适宜的观察表格和记录方式等，为进一步正式观察和深入研究做好充分准备。

第三节　观察法的实施

一、观察法的设计

学前教育科学研究中的观察研究不是幼儿教师日常的随机观察，而是有目的、有计划地进行的科学研究活动。为了确保研究的有效进行，在进行教育观察研究之前必须对教育观察活动进行设计，如确定观察目的、对象、内容，选择观察类型等,将观察过程具体化,其过程包括以下几个方面。

(一)确定观察目的、对象和内容

根据研究主题首先要明确以下几点:观察要为本次研究解决什么问题;为了解决这个问题,要观察什么内容;在明确观察内容的同时根据研究主题确定观察对象。这个思考过程是实施观察前必须进行的,要完成这个过程需要查阅相关资料,全面深入了解研究主题,明确观察目的、对象和内容,为整个观察研究过程的顺利开展奠定基础。以"日常活动中小班师幼互动现状研究"为例,根据研究主题我们要首先明确研究目的是"了解在日常活动中小班师幼互动的总体特征和一般趋势,以及不同类型幼儿园小班师幼互动的差异"。根据观察目的确定观察对象为"不同类型幼儿园小班的教师和幼儿",观察内容则是"师幼互动的范围、发起方式、性质、反馈、内容等"。

(二)选择观察类型

根据已确定的观察目的、对象和内容,来选择观察类型。观察类型的选择十分重要,可根据之前介绍的观察类型综合进行选择。需要注意的是,一个研究中可以有多种观察方式,只要能为实现研究目的服务就都可以选择。以"日常活动中小班师幼互动现状研究"为例,根据观察目的、对象和内容,选择结构观察、非参与观察和直接观察的观察类型,三者结合为研究服务。

(三)制定观察记录表

观察记录表是帮助研究者获取观察资料的重要工具。观察记录表是否详细、得当、简单易行,是影响观察效果的重要因素。以"日常活动中小班师幼互动现状研究"为例,根据研究需要和前期搜集的资料,研究者设计了"师幼互动观察记录表"(见表4-1)作为观察工具,在幼儿园日常活动中对师幼关系进行详细记录。

表4－1　师幼互动观察记录表

幼儿园______ 班级____ 被观察人数______观察日期____ 起止时间______ 观察者______

互动背景	互动范围			互动发起		互动反馈			互动性质			互动内容			合计
	集体	小组	个别	教师	幼儿	积极	消极	无反馈	肯定	否定	中性	上行	下行	平行	
学习															
游戏															
生活															
合计															

观察法的设计是进行教育观察的前提和依据，与接下来要介绍的观察法的实施和具体方法环环相扣。

二、观察法的实施

（一）观察法实施的一般程序

根据前期对观察法设计的了解，我们明确了观察目的、对象、内容和类型，并根据研究需要制定了观察记录表。接下来我们就要实施前期的设计，具体分为以下几个方面。

1. 培训观察人员

把准备参与观察的研究者集中起来进行培训，使他们领会、理解观察的目的、任务，明确自己的责任，熟悉和熟练使用观察工具，特别要强化观察者认真负责、科学严谨的研究态度。由于观察人员的素质高低直接影响着观察结果的可靠性和有效性，尤其在那些对专业背景要求比较高的观察研究中，观察人员的素质对观察结果的影响更大，因此，如何选择和培训观察人员也是一个需要事先思考和设计的问题。

2. 试观察

这一部分往往容易被忽略,很多研究者在设计工作完成之后直接进行正式观察,但在收集到大量资料后才发现很多设计问题与研究需要不符。试观察这个阶段就是发现问题的阶段,通过小范围的试观察来发现观察工具与观察者是否存在需要改进的地方,而后做出修正,以更好地为研究服务。

3. 观察工具和记录表的修订

根据试观察阶段发现的问题,对观察工具和记录表进行修改,观察者也可以更明确研究所需,更准确地收集观察资料。

4. 正式观察

培训合格的观察人员运用修订完善的观察工具,按照事先制订好的计划进入观察现场,进行正式观察,并做好观察记录。

5. 收集观察资料,撰写报告

对正式观察收集到的观察资料进行统计和整理,并将统计和整理结果通过定量描述和定性分析的方法撰写成报告。

以上过程是观察法实施的一般程序,在学前教育科学研究中如果使用观察法,也要将观察设计和实施的过程形成研究方案,通过文字的形式表述出来。

(二)对学前儿童进行观察的具体方法

对学前儿童进行观察的具体方法,是对观察法设计和实施过程的综合。它不仅包括观察的设计、观察的记录,还包括对观察的实施和资料的收集,我们常用以下几种方法。

1. 日记描述法

日记描述法又称儿童传记法,是对观察对象进行长期的跟踪观察,以日记形式记录观察对象行为表现的方法。

日记描述法是对儿童进行研究的传统方法,主要在日常生活中边观察边记录。此方法能系统地获取儿童身心发展的连续变化;能提供较长期的、较详细的第一手资料;由于观察是在自然情境中持续进行的,资料较真实可靠。但日记描述法也存在局限性:往往只对个别被试进行观察,缺乏代表性;一般是以自己的孩子或亲属做被试,被试的选择具有偏向性,观察记录很有可能带有感情色彩或主观偏见;该方法需要长期跟踪观察,需要花费大量时间和精力。

2. 轶事记录法

轶事记录法是观察者将感兴趣的,并且认为有价值、有意义的行为和反应以及可表现被试个性的行为事件,随时记录下来,供日后分析的一种观察方法。轶事记录法观察记录的内容可以是典型的行为表现,也可以是异常的行为表现,可以是表现儿童个性的行为事件,也可以是反映儿童身心发展某一方面的行为事件,但必须是观察者直接观察到的,而不是道听途说的。

3. 连续记录法

连续记录法是把观察到的儿童心理、言行举止按时间顺序连续不断地记录下来,有点类似于记流水账。这种记录方法要求在一定的时间范围或阶段内对观察对象做持续不断的观察记录,并要求对所观察的情景以尽可能精确、连贯的语言进行描述,因此它对儿童行为的记录更详细更完整,其应达到的效果是,当其他人在阅读这份记录时,能够想象得出当时的情景。这种方法与日记描述法以及轶事记录法的区别在于,它是全面观察、全面记录,按时间顺序记录所观察到的语言、行为、动作及情绪表现等一切能够直观显现的东西,因此有点类似于记流水账,而后两者都主要是记录有价值、有意义的事,并非面面俱到。

4. 时间取样法

时间取样法是美国明尼苏达大学儿童心理学家沃尔森于 20 世纪 20 年代提出来的。它要求观察者事先确定所要观察的行为的维度,然后据此有选择地在某些时间段内观察某一特定行为是否出现及出现的频率,并把所观察到的结果记录到事先拟定的记录表上。这种观察方法的适用条件主要有两个:一是所观察的行为应是经常发生或出现的,一般来说,某种行为平均每 15 分钟至少出现一次才适合采用时间取样法观察,如儿童课堂违规行为、师生互动与生生互动行为等;二是所观察的行为应是容易被观察到的外显行为,那些内隐的行为不适合采用时间取样法观察,如思维或想象的过程、解决问题的策略等。

采取时间取样法观察要求事先做大量的准备工作,如:确定所要观察的行为;抽取具有代表性的时间段;确定观察时间的长度、间隔;规定观察行为的操作定义及其维度;制定观察记录表格。这些工作在一定程度上克服了观察者的主观偏见,使观察到的行为具有客观性。另外,时间取样法可以收集到关于行为频率的资料,供定量分析之用。时间取样法的不足之处在于:研究范围只限于出现频率高的外显行为和事件;只能获取行为的频率资料,不能保留行为的具体内容;观察内容较零碎,难以从整体上揭示行为的因果关系。

5. 事件取样法

事件取样法是以特定的行为或事件的发生为取样标准,从而进行观察的一种方法。它与时间取样法的区别主要体现在三个方面。其一,时间取样法考察的单位是时间区间,而事件取样法考察的是行为事件本身。在事件取样观察法中,观察者没有时间限制,只要所研究的行为事件发生,研究者就可以对其进行详细观察和记录。其二,时间取样法只能研究每 15 分钟至少发生一次的行为,而事件取样法则可以研究各种各样的行为,不受行为发生频率的限制。其三,时间取样法研究的是事件或行为是否出现以及出现的频率,而事件取样法研究的是事件或行为的特征。

事件取样法的优点在于,它既可获取有代表性的行为样本,又可观察行为事件的全过程,还可得到与行为事件有关的背景材料,有助于分析行为事件的因果关系。其不足在于,儿童在不同时间、不同场合发生的同类行为有时具有不同的含义,这就需要特别注意记录与分析行为事件发生的情境与背景。

6. 等级评定法

等级评定法是对观察对象进行观察后,用等级评定表对所观察的行为事件的特征加以评定的一种方法。等级评定法不必对每次观察的具体事实进行描述或记录,而是在观察之后,按评定量表规定的项目,凭借总体印象,对观察对象的行为特征给予数量化的评定,即用数量化的形式来判断行为事件在程度上的差异。该方法简便易行,实践中运用较为广泛。

(三)观察法实施的注意事项

1. 界定观察行为

在教育观察研究过程中,有些观察者会遇到这样的问题:在观察过程中对所观察的内容是否是自己需要收集的资料产生了疑问。出现这种现象最主要的原因是没有对所观察的行为进行明确具体的界定。所以在教育观察实施之前,必须要根据自己研究的主题对所观察的行为进行界定,有了具体的内容界定,在观察时就能清晰明确地知道自己应该观察什么内容。

2. 不干预被试的活动

在观察过程中对于被观察的对象我们要注意两点:一是在观察行为发生时研究者根据自己的研究内容进行观察,尽量避免与被观察者直接交流,让被观察者处于一种自然的状态,保证所收集到的资料真实可靠;二是在观察场域中尽量不要外显自己的观察行为,也不要让被观察者了解你的观察目的,避免被观察者行为失真。

3. 客观地进行观察

在观察过程中,研究者要根据自己的观察目的客观地收集资料,在进行观察记录时要避免对幼儿的行为进行带个人色彩的解读。在对同一类行为进行收集时要按照观察前对观察行为的具体界定,准确地进行资料收集,有时也可以借助摄像机、录音机等仪器设备进行观察行为的记录,以免产生对观察行为的主观解读。

4. 及时处理观察资料

在观察结束后,在对观察情境印象较深刻的情况下,要及时对所记录的资料进行整理和分析。同时,根据观察时出现的问题对观察的内容、方法等进行及时的调整,保证收集的资料对研究主题的价值。

思考与练习

1. 请叙述观察法的优缺点。
2. 简述观察法的类型。
3. 选择一个观察对象和主题，设计观察方案，和小组成员进行观察练习。

第五章 调查法

学习目标

1. 了解调查法的含义与内容。
2. 掌握调查法的具体类型和一般过程。
3. 能围绕调查主题选择恰当的调查类型,编制一份调查问卷。

第一节　调查法概述

调查法是科学研究中常用的基本方法之一。无论是自然科学还是人文科学,研究者要获得关于研究对象的基本事实和资料,对其现状和发展趋势做出客观的描述和预测,或者为进一步的实验研究和更高层次的理论抽象提供基本依据,都可以运用调查法。在学前教育科学的研究中,调查法更是一种被广泛使用而且非常有效的研究方法。

一、调查法的含义

调查法是指在学前教育科学理论指导下,通过问卷、访谈、开座谈会、测验、成品分析等手段,有目的、有计划、有系统地对某种或某几种教育现象或事实进行考察(包括口头的或书面的,直接的或间接的),掌握有关学前教育实践的历史、现状和发展趋势,或有关的成果和经验、问题和教训,并在大量掌握材料的基础上,进行分析综合,得出科学的结论,以指导今后的学前教育实践活动的方法。

随着我国学前教育发展和改革的不断深入,调查法显得日趋重要,频繁地被采用。学前教育作为一种社会现象,要研究它的过去、现在以及判断它的未来,就得进行科学的调查研究。使用调查法,一方面可以为学前教育科学研究搜集资料,另一方面可以为各级教育行政部门制定政策法规和制订学前教育发展计划提供依据。同时,还可以为学前教育第一线的工作者提供经验教训,以更好地改进工作,提高教育质量。

二、调查法的特点

(一)间接灵活

调查法不必在学前教育现场进行即时的观察,而常常用间接的方法,从几个侧面对事物进行考察了解,不受现场条件及时间的限制,比较灵活机动。同时,有些教育现象不能全部被我们直接观察到,就常常需要用间接的、灵活的方法去收集材料。例如,研究学前儿童的品德、行为习惯、兴趣爱好,家长对幼儿园工作的意见等,一般都采用调查法。

(二)途径多样

调查法的途径是多样的,既可以通过细致的访谈、座谈等方式深入地研究某些事物与现象,又可以采用问卷等手段对某些事物与现象进行区域性的、大范围的调查研究,也可以两者结合。调查法采用不同的途径,可以解决那些无法进行实验或观察的问题,诸如儿童厌食问题、儿童不良行为形成原因等。在调查中,可以选择相对多的调查对象,在众多特殊对象的调查比较中找出一般的规律。

(三)系统严密

调查法通过各种方式,有计划、有目的地了解教育工作中某一方面的现实问题,有着系统的程序和严密的步骤。调查计划的制订、调查工作的实施、调查对象的选择、调查结果的处理分析都是建立在科学论证的基础上的,调查者对可能遇到的情况和可能参与进来的外来因素都有一定的预见和估计,保证了调查结果的准确性和科学性。

(四)实施方便

调查法不受时间、空间的限制。在时间上,采用调查法可以在事后从当事人或其他人那里获得关于已经过去的事情的资料;在空间上,只要研究课题需要,调查甚至可以跨界域进行。根据调查对象的数量,可以采用全面调查、抽样调查和典型调查的方法。由于调查法不局限于对研究对象的直接观察,不受时空和调查对象数量的限制,故其具有实施方便、效率高的特点。

三、调查法的类型

(一)按调查范围划分的类型

1. 全面调查(普查)

全面调查是对某一范围内所有被研究对象进行调查。全面调查可以是单位性的或地区性的,也可以是全国性的,它能够得到有关调查对象的全部情况,为制定重大的方针、政策和规划提供必要的依据。例如,我们要调查某市城区流动人群学龄前儿童入园情况,就要对全市所有流动人口中3—6岁儿童入园情况进行全面的逐一的调查统计,从而获得真实可靠的信息。

全面调查是一种重要的调查方法。其优点是具有普遍性,能全面地反映教育的许多现象及其变化发展情况,收集的资料比较全面。但是,调查所得到的材料往往比较肤浅和简单,有些问题无法深入了解,大多只能用填表等书面方法去进行调查,这样就难以得到许多生动的材料,同时由于调查范围广,往往耗资多、费时长。

2. 非全面调查

(1)典型调查(重点调查)。即在调查范围内选择部分具有代表性的对象进行调查的方法。人们对客观事物本质的认识,是通过对许多个别事物的认识概括出来的。一般说来,人们不可能认识现实世界中所有的具体事物后再去概括它们的本质,而往往是通过对某一类事物中一个或几个具有代表性的事物进行科学抽象,来把握该类事物的共同本质。例如,要调查某市城区流动人群学龄前儿童入园情况,就可以选择流动人口比较集中、学龄前儿童人数比例高的几个城区进行调查,从而大致掌握某市城区流动人群学龄前儿童入园的基本情况和特点。

首先,典型调查具备容易组织、调查方法灵活多样、需要的人力和财力不多的优点。其次,通过它能够在较短时间内对某教育现象进行深入细致的了解,既能收集数字,又能了解情况,既能查明过去,又能分析现状,所获得的调查材料生动具体。必须注意的是,不宜把典型调查结果轻率地推论到总体上去。

(2)抽样调查。即从被调查对象的全体范围(总体)中,抽取一部分单位(样本)进行调查,并以样本特征值推算总体特征值的一种调查方法。

抽样调查包括概率抽样(或称随机抽样)和非概率抽样(或称非随机抽样)。从狭义说,抽样调查仅指随机抽样,即在要调查的全体对象中,用随机(如抽签)的方式抽出所要调查研究的样本,使总体中的每个个体都有同等被抽到的机会或概率,而不是按调查者的主观意见或判断来决定抽取与否。这样的抽样方法,就是随机抽样调查。

抽样调查的范围较小,时效性高,且节省费用,避免了全面调查的诸多弱点,是学前教育研究中最常用的调查方法。

(3)个案调查。即在对被调查的教育现象或对象进行具体分析的基础上有意识地从其中选择某个有显著特征的教育现象或对象进行调查与描述的方法。个案调查的重要意义在于通过深入实际、分析个别案例,对某一教育现象进行具体、细致的调查研究,可以详细观察事物的发展过程,具体了解现象发生的原因,并掌握多方面的联系。可以通过把握具有该特征的对象发展变化的线索特点,推论出具有一般意义的规律。

个案调查往往被作为抽样调查的探索研究或补充研究,它可以使抽样调查的研究结果更深入、更丰满。但个案调查对象的选取往往受主观因素的干扰,如果选取的对象不具有典型特征,其调查结果的代表性就得不到保证。而且,在综合个案研究资料进行一般意义的推论时也要力求避免主观性和片面性。

(二)按调查功能划分的类型

1. 现状调查

即对某一教育现象或教育对象的现在状况进行调查,如“我国学前儿童睡眠状况调查”“城市学前儿童在家中收拾玩具的行为调查”“我国幼儿教师队伍现状的调查”等,均属现状调查。这种类型的调查,其时间特征是“现在”或“当前”,是对“现在状况”“当前情况”的调查。

2. 历史调查

即对某一教育现象发生、发展和变化的过程进行系统的调查。在某一教育现象尚未消失或正在进行的时候也可以用这种方法。历史调查不但可以了解到它的过去和现在,也可以在某种程度上预测它的未来。

3. 发展调查

即对教育现象在一个较长时间内的特征变化进行调查,以找出其前后的变化与差异。例如“教育事业的发展如何随着社会和经济的发展而变化”,“儿童的语言能力如何随着社会的发展而变化”等,这类调查即属发展调查。

4. 比较调查

即针对不同国家、地区、学校、教师、学生之间有关现象的相似性和差异性进行的调查。如对“儿童个性发展与幼儿园教育关系”的调查,对“家庭教养方式与儿童行为习惯养成关系”的调查,都属比较调查,这种类型的调查,其特征是“相关关系”。

(三)按调查手段划分的类型

1. 问卷调查

问卷调查又称填表法。研究者为了了解某些事实或意见,向被调查者分发印好的问题表格,要求实事求是地填写,然后进行回收整理研究。这是一种用书面形式进行调查的方法。问卷调查的使用较为广泛。

2. 访谈调查

访谈调查又叫谈话法。这是一种调查者通过与调查对象面对面谈话直接收集材料的方法,这种方法可以研究范围很广的课题。例如,了解儿童的学习成绩、兴趣、爱好,了解家长对孩子的教育状况,了解教师的教育经验,了解学校领导的管理水平等。

访谈法包括面访、信访和电话访谈。通过这些方式可以更详尽、更确凿、更真切地了解有关细节，进一步摸清情况。有时还可以与对方共同讨论一些问题，使获得的材料更加深刻。访谈法中应用较多的是面访，即谈话。谈话时，事先要有充分准备，包括准备好谈话提纲、提问用词要谨慎得当、态度要自然大方等，这些都是访谈调查得以成功的基本条件。

访谈也可以分为个别访谈和集体访谈（即座谈会）。如果是开座谈会，要由熟知情况和富有实践经验的人主持会议，依据事先准备好的调查提纲，向到会者提出问题，组织大家展开讨论，借以取得有价值的资料。

四、调查法的实施步骤

教育调查的全过程，一般分为：确立调查课题，制订调查计划，收集资料，实施调查，整理、分析材料和撰写调查报告五个步骤。

（一）确立调查课题

在调查前，首先必须明确调查方向，确立调查课题。只有明确所要解决的问题，才能减少调查的盲目性，增强调查的自觉性。确立题目时，要注意以下五点。

第一，必要性。既要考虑现实的必要性，又要考虑未来的必要性；既要考虑微观的必要性，又要考虑宏观的必要性。简言之，所选题目都应该有调查研究的价值。

第二，可能性。即所选课题，从人员、时间、经费和环境等方面考虑，有没有调查研究的可能。

第三，题目切忌太大，要以小见大。

第四，重视参阅有关资料，弄清楚本课题过去有没有人研究过，达到了什么程度，避免无意义的重复劳动。

第五，注意课题的论证，阐明课题的现实与理论意义，突破难点的方法等。

（二）制订调查计划

制订调查计划，是学前教育调查研究工作顺利进行的重要保证，一个好的调查计划往往是成功的良好的开端。调查计划一般包含以下内容。

第一,调查课题和目的。写明调查课题的具体名称和主要内容,以及此次调查的主要目的和意义,调查对象和范围。写明在哪一部分人中进行调查,以及调查对象的年龄、性别、抽样方法、样本容量等。

第二,调查手段和方法。确定用哪一种手段和方法进行调查或综合运用哪几种方法和手段进行调查。

第三,调查步骤和时间安排。说明调查将分几步进行,每一步的具体内容和时间安排以及完成的最后期限。

第四,调查经费的使用安排。说明调查所需经费的来源和预算以及如何使用这些经费。

由于人们的认识是有限的,现实情况也常处在动态之中,初步制订的调查计划是否适合不断变化的客观情况,只能在调查活动的实践中加以检验。在制订计划的过程中,为了使计划制订得更加切合实际,可以先进行探索性调查,初步了解研究对象的情况,或是征询有关专家的意见,得到一定的指导。

(三)收集材料,实施调查

收集材料,即在学前教育调查过程中采用问卷、访谈、测验、开调查会等手段全面收集资料。为了保证所获材料的可信度,在收集调查材料时应注意以下几点。

第一,尽可能保持材料的客观性。在教育调查过程中,调查者不能带主观偏见和倾向性,应实事求是地收集材料,不能带着观点去找材料,也不能任意取舍材料,否则就会失去材料的客观性、真实性。

第二,多个调查人员采用座谈会或谈话等手段收集资料时,必须采用统一的标准、统一的表格做调查记录,否则会影响材料的信度和效度。

第三,在收集材料时还要注意不能把事实和意见混在一起,“意见”往往带有主观色彩。对被调查者提供的材料,需进行核实,以保证材料的可靠性。

第四,尽可能地采用多种手段或途径,从不同角度和侧面、不同层次和环境广泛地收集材料。

(四)整理、分析材料

在调查中,那些直接采集到的材料称为原始材料,必须对之进行整理分析,使之系统化和条理化,以便使调查者弄清材料之间的相互关系,发现教育现象和事物联系的规律,解答调查者提出的问题,这就要做一系列整理分析资料的工作。材料整理的步骤主要有检查、汇总、摘要和分析等四步。

检查主要是从材料的完整性、一致性、可靠性等方面进行。汇总是把收集到的分散、零乱的原始材料归类、综合或分组进行统计,使大量分散的、错综复杂的材料成为条理清楚、简洁可辨、易于比较分析和研究的材料。摘要是在调查材料的整理过程中,系统地摘要记录那些内容丰富、生动具体的原始材料,使资料分析不局限于几个抽象的数据。对调查材料的分析研究,应该从定性研究和定量研究入手,并尽力使两者结合起来。既从数量方面具体分析事物的特征和变化,又进行理论分析,以求较为深入地掌握事物性质的特征及其规律。

(五)撰写调查报告

调查报告的撰写,是调查研究过程中最后的也是最重要的一步。单纯地进行调查研究,其本身并没有什么意义,只有认真叙述结果,进行交流,才能真正发挥调查研究的作用。

调查研究和作为其成果的调查报告,绝不是东拼西凑地罗列情况,而是一项实事求是的艰苦工作和创造性的劳动。因而,调查报告与调查研究本身同样重要,必须认真地写好调查报告。

调查报告的结构一般由导言、正文和结论三部分组成。调查报告的形式有描述性报告、解释性报告和建议性报告三种。根据阅读对象不同,调查报告也可以写成通俗性报告或专业性报告。但是,不论是什么形式的调查报告,只有把理论和实践结合起来,才有一定的深度和价值。

第二节　问卷调查法

一、问卷调查法的含义与特点

问卷调查法是以书面提出问题的方式搜集资料的一种调查研究方法。调查者围绕研究目标提出一个个问题并编制成问卷表,通过邮寄、当面作答或追踪访谈等方式，让调查对象逐一回答，从而收集人们对问题的观点、态度等方面的资料。

问卷调查法具有简便易行、省时、省力、调查面广、信息量大、真实性强的特点。特别是无记名问卷，调查者与调查对象不用面对面地谈论有强刺激性的或敏感的问题，利于消除调查对象心理上的顾虑和障碍，容易得到客观真实的材料。问卷调查法的主要缺点是，被调查者可能由于各种原因（如自我防卫、理解和记忆错误等）对问题做出虚假或错误的回答，在许多场合对于这种回答要想加以确证又几乎是不可能的。因此，要做好问卷设计并对取得的结果做出合理的解释，必须具备丰富的心理学知识和敏锐的洞察力。

二、问卷的设计

问卷是问卷调查的主要工具，科学地设计问卷是问卷调查的关键性环节。问卷设计的质量，直接影响到问卷调查的回收率、有效率以及被调查者回答问题的质量，因此，对问卷的设计应给予高度的重视。研究者在问卷设计时要对问题的整体内容做到心中有数，为此，可以先绘制总框架图，直观地标示出问题的结构。也就是说，从研究的主题出发，先找出核心概念，再逐层分解，转变为直接可以提问的语句，这样可以确保问卷内容的全面性，避免偏差。

同时，进行问卷设计必须慎重对待每一个问题，既要考虑它的作用，又要考虑它的位置，还要注意建立各个问题的内在逻辑联系，以便能对它们进行分类和分析。

问卷设计的基本程序如下：根据研究的目的，确定所需要的信息；拟定为获取所需信息而要提出的问题；斟酌提问的措辞；安排问题的顺序；检测、修订、定稿。

（一）问卷的类型

一般按问题答案将问卷划分为结构式、半结构式、无结构式三种。

结构式问卷又称为封闭式或标准式问卷，是对所有被测者应用一致的题目，使其回答有一定结构限制的问卷类型。结构式问卷的问题按一定的提问方式和顺序进行安排，对问卷中的问题和顺序，调查者不能随意变动。

无结构式问卷又叫开放式问卷，是由问卷设计者提供问题，被调查者自行构思、自由发挥,按自己意愿答出问题的以问答题型为主的问卷。开放式问卷没有固定的回答格式与要求,可以收集到较为广泛的资料甚至发现特殊的问题,但是由于较难量化和进行统计分析,一般用于被调查的人数较少,不用将资料量化,对某些问题尚不清楚的探索性研究中。

半结构式问卷介于两者之间,一般是以结构式题目为主,需要进一步探究的问题则使用开放式的问答题目,或者在结构式问题所有答案后面加"其他"选项。

还可根据是否使用文字,将问卷划分为图画式问卷与文字式问卷。图画式问卷比较适合文字能力较差的幼儿,在跨文化研究中应用较方便,可少受文化影响。

(二)问卷的结构

调查问卷的结构一般包括标题、引言、问卷的具体内容、编码号等四个部分。

1. 标题

标题是问卷的研究主题。每份问卷都应有一个题目,使被调查者清晰、明确地了解研究的中心内容。问卷题目不宜过长,确定题目的原则是鲜明、准确、易于填答人理解。例如,"幼儿教师阅读状况调查",题目明确告知了调查对象和调查的内容。又如,"××地区幼儿教师工资水平调查",题目中还表明了研究的区域。

2. 引言

在问卷的开头,应该有一个简要的说明,表明调查的目的意义、调查者及调查结果的使用范围、保密措施、填答问卷的要求和注意事项、致谢语等,其目的在于引起受访者对填答问卷的重视和兴趣,使其对调查给予积极支持和配合。因此,这个部分要与调查内容一样认真对待,措辞要言简意明、文笔亲切,不能太草率。

3. 问卷的具体内容

问卷的具体内容是以一个个具体问题来体现的。这是研究主题的具体化,是问卷的核心部分。问卷中的问题从内容上可分为事实和行为性问题、原因或理由性问题、态度或情感性问题、环境性问题等几种类型。

(1)事实和行为性问题

主要调查了解客观存在或已经发生的行为事实,包括存在性事实和行为性事实两个方面。例如:年龄、性别、职业等基本资料;是否做过某事、做过多少次等情况;行为发生的时间、地点及行为方式等多方面的内容。调查可以针对填答者本人的行为,也可以是通过对填答者的分析来了解其他人的行为。

例如:您从事幼教工作多少年了?

A. 1 年以内　　B. 2—4 年　　C. 5—9 年　　D. 10 年以上

(2)原因或理由性问题

这类问题常常是对某一类行为出现的进一步说明。如为什么这样,为什么去做等等。

例如:您认为孩子的不良习惯主要来自哪方面的影响?

A. 模仿父母　　B. 模仿同伴　　C. 电影、电视　　D. 溺爱娇惯

E. 其他

(3)态度或情感性问题

如:赞成、不赞成;喜欢、不喜欢;愿意、不愿意;等等。态度是人对某种现象的相对稳定的心理倾向,一般无法进行直接测量,只能从人的语言、行为以及其他方面间接推断。在通过问卷调查某一群体的意见倾向时,常常采用这类问题。可以从以下几个不同的侧面了解被调查者对问题的倾向。

①情感性意见。这是指人对人,人对事、物的好恶及情绪,通常用喜欢、不喜欢,有兴趣、无兴趣等一类词语表达。

例如:您的孩子喜欢上幼儿园吗?

A. 喜欢　　B. 不喜欢　　C. 说不清

②评价性意见。这是指人对人,人对事、物的某种品质的判断。通常用很好、好、不好,优、良、中、差,满意、不满意等一类词语来表达。

例如:您对幼儿园的教育环境有什么评价?

A. 非常满意　　B. 比较满意　　C. 普通　　D. 不太满意

E. 非常不满

③认同性意见。这是指人对某一事物或对别人的某项意见是否赞同的倾向,通常用同意、不同意,赞成、不赞成等一类词语来表达。

例如:您对“教育孩子的目的,首先是充分地发挥孩子的潜能”这句话的观点是什么?

A. 非常同意　　B. 同意　　C. 无所谓　　D. 不同意

E. 非常不同意

④认识性意见。这是指人对某种事物的认识和了解以及所表达的思想与信念。如对某项教改成果用“具有创新意义,将产生积极而深远的影响”的语句来表达。

例如:您认为对孩子实施家庭教育是应当自发地教育还是需要进行专门的学习培训呢?

A. 完全自发,顺其自然

B. 参考自己父母的做法或与他人交流即可,不需要特别学习培训

C. 家庭教育有很多学问,需要学习培训才能掌握要领,从而成为称职的家长

D. 其他看法

(4)环境性问题

如家庭、工作单位、居住社区、学习场所等等,主要对那些影响或涉及人们思想、观念或行为的各种各样的环境因素进行调查。

例如:您的家里主要由谁负责对孩子的教育?

A. 母亲　　B. 父亲　　C. 爷爷奶奶或外公外婆

D. 保姆　　E. 其他人

4. 编码号

这项内容适用于规模较大而又需要运用计算机统计分析、要求所有的资料数量化的调查问卷。一般是在问卷主题内容的右边留统一的空白,按题目答案的顺序编上数字号码(中间用一条竖线分开),即为该答案的代码。整个问卷有多少种答案,就要有多少个编码号。如果一个问题有一个答案,就占用一个编码号,如果一个问题有三种答案,则需要占用三个编码号。

(三)问题的设计

问题是问卷的核心内容,它将直接影响调查结果与调查目标的符合度。问题的设计要考虑以下方面。

1. 问题的必要性

问题是否紧扣调查主题，在逻辑上是否与调查目的有关，是否属于所需要的信息。

2. 问题的充分性

这些问题是否能够较为全面地反映调查主题，有没有被遗漏的内容。为了明确地或者较深入地获取所需的信息，有时候一个方面的内容需要同时询问几个问题。

3. 问题的具体性和问题语句表述的恰当性

问卷调查是通过问题和被调查者沟通的，因此，所提的问题具体清楚、表述恰当，使被调查者能理解问题并愿意真实地回答，这是十分重要的。可以说，问卷语句设计得好坏关系着整个调查的成败，研究者必须慎重对待。

(1)问卷语句的类型

问卷语句的类型有三种：直接提问、间接提问和假设提问。直接提问一般是为了对调查对象的基本情况加以了解，是被调查对象可以直接回答的问题。间接提问则运用于被调查对象存有顾虑，怕直接回答带来利益和其他方面的伤害，而不敢或不愿说出真实想法的问题。间接提问通常不直接问被调查对象，而是采用要求他回答其他人的态度、想法的提问方式。间接提问可以得到较为客观的资料。可以采用列举形式设计问题，如“有人认为……还有人认为……你认为如何”。此外，还有一些问卷的设计为了全面地了解被调查者的情况，往往通过假设的方式向调查对象提问。

(2)问卷语句设计要求

第一，必须围绕主题设计。所有的问题都应该在总框架中有相应的位置，否则就会产生内容的偏差。

第二，语句中所运用的概念要明确、具体，不要使用模棱两可、含混不清的词或概念，要避免双向问题(即要求调查对象用一个答案来回答两个以上联系在一起的问题)和容易产生歧义的问题。如“您的孩子是否经常有攻击性行为，而且从不主动回答老师的提问?”这样的语句很难明确回答，因为问话中实际包含了两个问题。又如“你是否反对在非学习日，包括周末与假日，不实行按时熄灯的规定？ A.是　B.否”，这个问题中包含多个否定词，容易造成理解混乱，使答案似是而非。

第三，问卷语句不要带有诱导性，避免被调查者在这些词语的诱导下产生趋同心理，违背真实意见而做出附和的回答。所谓诱导性问题是指问句本身包含某种倾向来引导被调查者的回答方向。如“幼儿园的兴趣班肯定比外面办得更专业，您是否准备让孩子参加？”这样的问题容易使填表人由引导得出肯定性的结论或对问题反感，以致不能反映家长的真实态度和真正的意愿，所以产生的结论也缺乏客观性，结果可信度低。受此类问题影响最大的是对调查人或调查问题顾虑较大的人，他们总是考虑哪种回答危险性小而不是考虑哪种回答最真实。设计者常见的错误是用权威的话语或多数人的意见做引语。一般用中性的提问方式可以避免出现诱导性问题。

第四，对敏感性问题要讲究处理的技巧。对于那些敏感性强、威胁性大的问题，应在文字表述上努力减轻敏感程度和威胁程度，使被调查者敢于坦率地做出自己真实的回答。

所谓敏感性问题是指人们不愿意公开披露影响到个人利益、前途、声誉以及自尊的问题。设计者可采用一些技术性处理的方式，如：提问可假定敏感性问题有多种回答形式，使回答者放弃一些顾虑；淡化敏感性，指出某些行为、态度或观念带有普遍性。

（四）答案的设计

根据答案种类的不同，问题可分为开放式问题和封闭式问题两种。开放式问题是一种应答者可以自由地用自己的语言来回答和解释有关想法的问题类型。也就是说，调研人员没有对应答者的选择进行任何限制。例如，“你认为，应该如何让全社会来关注和重视幼儿教育？”“你对自己作为幼儿教师的职业生涯是如何规划的？”封闭式问题是一种需要应答者从一系列应答项中做出选择的问题类型。

开放式问题的优点是设计相对比较简单，易于掌握，便于回答者自由充分地表达完整意见。缺点是所得资料是文字表达，这就要求回答者具有一定文化水准，另外，资料的文字化也造成统计的困难，整理资料也要花费相当的精力和时间，同时还可能带来一些无价值的东西。

封闭式问题的优点是答案的可比性较强，便于统计分析，填答问题较为容易,省时省力,出现答错的废卷较少,回收率也比较高。缺点是所获得的资料比较死板,缺乏生动性和表现力,由于缺乏充分表达,所以难以发现回答的各种偏误。

封闭式问题的回答有多种方式。

1. 是否式

即二择一,每个问题均提供两种答案,即是或否,由调查对象从中选择一个作答。

2. 选择式

即多择一或多项选择,被调查者从问卷所提供的答案中选择一个或几个作答。

选择式答案要注意两点。一是答案相互之间不能包容或交叉,必须是相互排斥的。因此,要标准统一,同层次分类,这主要是针对比较复杂或抽象的问题而言的。二是每一问题的答案设计应包含其所有回答内容,穷尽所有项目。也就是按照某一具体分类方式,把所有可能的回答都设计在问卷上,以供回答者选择。在遇到比较复杂的问题时,为了答案设计全面,通常采用对该问题进行多级分类列举的方法。对有些问题的答案设计,为了防止出现列举不全的现象,可在该问题所有答案的最后列出一项"其他",以囊括未尽的项目。

3. 排列式

也称顺位法,被调查者按照问题的重要程度或符合自己情况的程度给答案排列顺序。

例如:"请排列儿童在幼儿园学习的3件最重要的事,并按1、2、3标在项目前面。"

A. 坚持性。

B. 合作以及成为集体中的一员。

C. 同情或关心别人。

D. 创造性。

E. 开始学习阅读和计算。

F. 文雅。

G. 自主性和自信心。

H. 艺术或文化。

I. 语言技能。

J. 体育技能。

4. 评定量表式

即将答案分成一定尺度或等级,由被调查者做出评定。在有些调查表中常采用几十个问题共用一组相同的定序答案组成一个量表的形式。但是,这种设计必须符合答案定序完全相同的标准,如都是五级的定序答案。

例如,了解家长对某一问题的态度时,可以设计如下两种五级量表。

对称性量表:

A. 好　　B. 较好　　C. 一般　　D. 较差　　E. 差

非对称性量表:

A. 很好　　B. 好　　C. 较好　　D. 一般　　E. 差

最后分别统计五种情况所占的百分比,确定该项目的总体满意程度。

对这类答案的设计要注意:设计的档次不宜多,也不宜宽;各档次间距要尽量相等;各档次的数字之间要衔接合理。

三、问卷的编排

问卷的编排一般应遵循以下原则。

先易后难。先问关于一般事实的、熟悉的、简单的问题,使被调查者不需要做什么考虑就可作答。

敏感性问题和开放性问题应放在问卷的后面。敏感性问题放在问卷的较后部分,是为了使被调查者能通过回答前面的问题对调查的意义有所了解,进而对调查表示理解并乐于支持和配合后再做出回答。

尽量使问卷题目的安排在形式、长度、回答的方式上具有多样性。

四、问卷的试测与修改

问卷设计出来后,要经过反复多次的修改才能完善。修改问卷首先要以问卷的总体框架为依据对每一个问题进行审查，以确定之后将如何分析这些问题，用何种统计分析方法，以及资料如何发表或报告等。

同时，还必须用调查问卷进行预先测试，纠正模糊、混乱或者准备不充分的题目，从而不断修改完善问卷。预先测试一般可以在正式调查的总体中抽取一部分样本，用问卷初稿对这些人进行调查。问卷回收后进行相应的分析和调整。如果问卷回收率低于70%，说明问卷的设计或发放有较大的问题；如果填答内容的错误多，答非所问，就要仔细检查答题指导语是否准确、清晰，含义是否明确具体，问题形式是否过于复杂；如果问卷中有几个问题普遍没做回答，要仔细检查分析原因，如问卷中是否存在错误解释、不连贯的地方、不正确的跳跃模型，以及是否还存在其他选项等，并加以改进。

如果属于小范围内调查，可以直接将问卷初稿复印5—10份，分别送给相关的专家以及典型的被调查者，请他们检查和评价，提出存在的问题和修改意见。

在预先测试完成后，任何需要改进的地方都应当进行有效的修改。在进行实地调研前应当再一次获得各方的认同，如果预先测试导致问卷产生较大的改动，应进行第二次测试。

五、问卷的分发与回收

(一)问卷的分发

一般可采用邮寄、有组织地分发、当面发送等方式发放问卷。邮寄简便易行，但对被调查者的影响力最低，故建议在信封里附上一封感谢信或者附上相关专家或有影响力人士的推荐信，并且要给被调查者附上寄回问卷用的空白信封和邮票，以保证问卷有足够的回收率。

有组织地分发是调查者通过一定的渠道(如各地教科所、幼教研究会等)，把问卷有组织地分发给调查对象，被调查者做答后又由其有组织地收回。此种方法回收问卷较为迅速，对回收率有较好的保证。

当面发送是最有效的问卷发送方式。当面发送，当场填写，有不明白的问题可以当场问，由于有情感交流，所以易于得到被调查者的配合。但是要注意防止在集体填写时的相互干扰。

(二)问卷的回收

对回收的问卷,在剔除废卷的同时要统计有效问卷的回收率。保持一个较高的问卷回答率(即问卷有效率),是获得真实可靠资料的保证。一般来说,调查专业人群,最低回答率被认为是70%。当调查一般民众时,因为不回答的原因可能是缺乏兴趣,所以允许出现更高的不回答率。如果回答率过低,就需要进行补充调查和追踪调查。

一般来说,回收率如果仅有30%左右,资料只能作为参考;50%以上,可以采纳建议;当回收率达到70%以上时,方可作为研究结论的依据。因此,问卷的回收率一般不应少于70%。如果有效问卷的回收率低于70%,要再发一封信及问卷进行补充调查。另外,如有可能,可以做小范围内的跟踪调查或访谈调查,了解未回答问题那部分被试的真实看法,以防止问卷结果分析的片面性。

影响问卷回收率的主要因素有:调查组织工作的严密程度、调查课题的吸引力、问卷填写的难易程度、问卷回收的可控制程度等。据统计,邮寄问卷的回收率为30%—60%,而当面发送问卷的回收率可达到80%—90%,并且当面发送并回收,可以检查问卷是否有空填、漏填和明显的错误,以便及时更正,保证问卷的有效性。因此,要想提高问卷的回收率,必须设计出短小、精练、有吸引力、填答容易的问卷,最好使用当面发送问卷的方法。

第三节　访谈调查法

一、访谈调查法的含义

访谈法调查法即访谈法,又称谈话法或访问法,是调查者通过与研究对象交谈收集所需资料的调查方法。访谈是一种研究性交谈,也就是两个人(或更多人)之间一种有目的的谈话,由访谈者通过询问来引导被访者回答,以此了解调查对象的行为或态度,最终达到调查目的。

从本质上说,访谈和问卷都是沟通的过程,沟通的目的都在于获取研究所需的第一手资料,不同的是:访谈是以口头语言的问答来搜集信息,被访者是先听后说,问卷则是以书面语言的问答来搜集信息,被访者是先读后写;访谈通常是面对面的直接言语接触,问卷则是纸与笔的间接言语接触。在学前教育调查中所用的访谈和一般情况下的谈话不同,它是研究性的谈话。研究性的访谈与一般的谈话最本质的区别是:研究性的访谈是一种有目的、有计划、有准备的谈话,它的针对性很强,谈话的过程紧紧围绕着研究的主题展开;而一般情况下的谈话,是种非正式的谈话,它没有明确的目的,随意性较强。

二、访谈调查法的优点和局限

访谈调查不同于问卷调查,它是调查者通过与被调查者面对面直接交谈获取信息的方法。一般用于调查对象较少的情况,也可与问卷、测验配合使用。这种方法的优点是可以直接观察到调查对象的非语言行为,获得感性材料。因此,对较深层次的探索性研究及文化程度低的调查对象有很重要的意义。

(一)访谈调查法的优点

1. 灵活

第一,访谈调查时访谈员根据调查的需要,以口头形式,向被访者提出有关问题,通过收集被访者的答复来获得客观事实材料。这种调查方式灵活多样,方便可行,可以按照研究的需要向不同类型的人了解不同类型的材料。

第二,访谈调查是访谈员与被访者双方交流、双向沟通的过程。这种方式具有较大的弹性,访谈员在事先设计调查问题时,是根据一般情况和主观想法来制定的,对有些情况不能考虑得十分周全,在访谈中,可以根据被访者的反应,对调查问题做调整或展开。如果被访者不理解问题,可以直接询问,要求解释;如果访谈员发现被访者误解问题,也可以适时地解说或引导。

2. 准确

第一,访谈调查时访谈员与被访者直接进行交流,这样可以通过访谈员的努力,使被访者消除顾虑,放松心情,做周密思考后再回答问题,这就提高了调查材料的真实性和可靠性。

第二,访谈调查大都是事先确定访谈现场,访谈员可以适当地控制访谈环境，避免其他因素的干扰，灵活安排访谈时间和内容，控制提问的次序和谈话节奏，把握访谈过程的主动权，这有利于被访者更客观地回答访谈问题。

第三，由于访谈流程速度较快，被访者在回答问题时常常无法进行长时间的思考，因此所获得的回答往往是被访者自发性的反应，这种回答较真实、可靠，很少掩饰或作假。

第四，由于访谈常常是面对面的交谈，因此拒绝回答者较少，回答率较高。即使被访者拒绝回答某些问题，也可大致了解他对这个问题的态度。

3. 深入

第一，访谈员可与被访者直接交往或通过电话、上网交流，可进行适当的解说、引导和追问，因此可探讨较为复杂的问题，可获取新的、深层次的信息。

第二，在面对面的谈话过程中，访谈员不但可以收集到被访者的回答信息，还可以观察被访者的动作、表情等非言语行为，以此鉴别回答内容的真伪，了解被访者的心理状态。

（二）访谈法的局限

1. 成本较高

访谈调查常采用面对面的个别访问的方式，面对面的交流必须拜访被访者，路上往返的时间往往超过访谈时间，调查中还会发生拒访等情况，因此耗费的时间和精力较多。另外较大规模的访谈常常需要训练一批访谈人员，这就使费用支出大大地增加。与问卷相比，访谈要付出更多的时间、人力和物力。由于访谈调查费用大、耗时多，故难以大规模进行，所以一般访谈调查样本较小。

2. 缺乏隐秘性

访谈调查要求被访者当面作答，这会使被访者感觉到缺乏隐秘性而产生顾虑，尤其对一些敏感的问题，被访者往往会回避或不做真实的回答。

3. 受访谈员影响大

由于访谈调查是由访谈员单独进行的调查，不同的访谈员的个人特征可能引起被访者不同的反应，从而影响回答内容。而且访谈双方往往是陌生人，也容易使被访者产生不信任感,以致影响访谈结果。另外,访谈员的价值观、态度、谈话的水平都会影响被访者,造成访谈结果的偏差。

4. 记录困难

访谈调查是访谈双方进行的语言交流,如果被访者不同意用现场录音,则需要访谈员有很高的笔录速度,而一般没有进行过专门速记训练的访谈员,很难完整地将谈话内容记录下来,追记和补记往往会遗漏很多信息。

5. 处理结果难

访谈调查有灵活的一面,但同时也增加了这种调查过程的随意性。不同被访者的回答是多种多样的,没有统一的答案,这样,对访谈结果的处理和分析就比较复杂,由于标准化程度低,就难以做定量分析。

由于访谈调查收集信息资料主要是通过访谈员与被访者面对面直接交谈的方式实现的,具有较好的灵活性和适应性,又由于访谈调查的方式简单易行,即使被访者阅读困难或不善于文字表达,也可以回答,因此它尤其适合应用于文化程度较低的成人或儿童这样的调查对象,适用面较广。

访谈调查法被广泛运用于教育调查、心理咨询、征求意见等方面,适用于向被访者了解心理体验、情感,以及对某一事物的意见、态度、评价等方面的信息,更多用于个性化研究。它还可用于调查的问题比较深入,调查的对象差别较大,调查的样本较小,或者调查的场所不易接近等情况。

三、访谈调查法的类型

访谈一般以面对面的个别访谈为主,也可采用小型座谈会、调查会的形式进行团体访谈,还可以进行电话访谈。访谈既可以作为一种独立的研究方法,也可以作为其他研究方法中收集资料的辅助方法。访谈调查法依据不同的分类标准,可以分为多种类型。

(一)以访谈员对访谈的控制程度划分

1.结构性访谈

结构性访谈也称标准式访谈,它要求有一定的步骤,由访谈员按事先设计好的访谈调查提纲依次向被访者提问,并要求被访者按规定标准进行回答。这种访谈严格按照预先拟订的计划进行,它的最显著的特点是访谈提纲的标准化,可以把调查过程的随意性控制在较低水平,能比较完整地收集到研究所需要的资料。这类访谈有统一设计的调查表或访谈问卷,访谈内容已在计划中做了周密的安排。访谈计划通常包括:访谈的具体程序、分类方式、问题、提问方式、记录表格等。

2.非结构性访谈

非结构性访谈也称自由式访谈。非结构性访谈事先不制定完整的调查问卷和详细的访谈提纲,也不规定标准的访谈程序,而是由访谈员按一个粗线条的访谈提纲或某个主题,与被访者交谈。这种访谈是访谈双方相对自由和随意的访谈。这种访谈较有弹性,能根据访谈员的需要灵活地转换话题,变换提问方式和顺序,追问重要线索,所以,这种访谈收集的资料更丰富。通常情况下,质的研究、心理咨询和治疗常采用这种非结构性的"深层访谈"。

3.半结构性访谈

在教育调查中还有一种是介于结构性访谈和非结构性访谈之间的半结构性访谈。在半结构性访谈中,有调查表或访谈问卷,它有结构性访谈的严谨和标准化的题目,访谈员虽然对访谈结构有一定的控制,但给被访者留有较大的表达自己观点和意见的空间。访谈员事先拟定的访谈提纲可以根据访谈的进程随时进行调整。

(二)以调查对象的数量划分

1.个别访谈

个别访谈是指访谈员对每一个被访者逐一进行的单独访谈。其优点是访谈员和被访者直接接触,可以得到真实可靠的材料。这种访谈有利于被访者详细、真实地表达自己的看法,访谈员与被访者有更多的交流机会,被访者更易受到重视,安全感更强,访谈内容更易深入。个别访谈是访谈调查中最常见的形式。

2. 集体访谈

集体访谈也称团体访谈或座谈,它是由一名或数名访谈员亲自召集一些调查对象就访谈员需要调查的内容征求意见的调查方式。集体访谈是教育调查研究中一种很好的方法,通过集体座谈的方式进行调查,可以集思广益,互相启发,互相探讨,而且能在较短的时间里收集到较广泛和全面的信息。参加座谈会的人员要有代表性,一般不超过 10 人。主持人一般不参加讨论,以免堵塞与会者的思路。另外还要做好详细的座谈记录。

(三)以调查次数划分

1. 横向访谈

横向访谈又称一次性访谈,它是指在同一时段对某一研究问题进行的一次性收集资料的访谈。这种研究需要抽取一定的样本,被访者有一定的数量,访谈内容是以收集事实性材料为主,一次性完成。横向访谈收集内容比较单一,访谈时间短,需要被访者花费的时间较少。横向访谈常用于量的研究。

例如,《幼儿教师幼儿心理健康观访谈研究》一文通过对 60 名幼儿教师进行半结构式的深层访谈,了解了幼儿教师心中的幼儿心理健康观。结果表明,教师认为幼儿心理健康体现在性格、个人行为及能力、人际交往与社会适应、情绪、道德品质等五个方面,其心理健康观具有模糊性、经验性、主观性等特点,并呈现出重外轻内、重适应轻发展的倾向。

2. 纵向访谈

纵向访谈又称多次性访谈或重复性访谈,它是指多次收集固定研究对象有关资料的跟踪访谈,也就是对同一样本进行两次以上的访谈。纵向访谈是一种深度访谈,它可以对问题展开由浅入深的调查,以探讨深层次的问题。纵向访谈常用于个案研究或验证性研究,这种访谈常用于质的研究。

访谈调查法的类型多种多样，一个访谈可能同属于两种类型，比如，有时个别访谈也同时是纵向访谈或非结构性访谈，集体访谈也同时是结构性访谈，访谈员可根据研究的具体需要扬长避短，灵活运用。

四、访谈调查法的实施程序

访谈是一种互动的社会交往过程，在这种互动过程中，调查者只有与调查对象建立起基本的信任与一定的感情，并根据对方的具体情况进行访谈，才能使被访问者积极提供资料。这就要求访谈人员必须具备良好的访谈技能，并能掌握和灵活运用访谈的各种技巧。一般来说，访谈大体分为访谈准备、访谈过程、访谈结束等几个阶段。

（一）访谈准备

1. 准备详细的访谈提纲

要根据研究的目的和理论假设，准备详细的访谈提纲，并将其具体化为一个个访谈问题。访谈的问题要能涵盖研究主题所涉及的范畴，又要有层次性，提问的方式、用词的选择、问题的范围要符合被访者的知识水平和习惯，简单明了，通俗易懂。问题编制完成后，最好请有经验的研究者或同行提修改意见，有条件的话可进行小范围的“预访”。

2. 了解被访者

访谈前尽可能收集有关被访者的资料，对其经历、个性、地位、职业、专长、兴趣等有所了解，了解得越清楚，访谈就会越有针对性。要分析被访者能否提供有价值的材料。要考虑如何取得被访者的信任和合作。

3. 确定访谈的方式与进程

为了使访谈规范，能获得实效，需事先安排访谈行程，给访谈人员、被访者、访问日期及时间做适当的安排。访谈时间最好是被访者工作、学习不太繁忙，并且心情比较舒畅的时候。访谈地点和场合的选择要从被访者方便的角度考虑，要有利于被访者准确地回答问题，要有利于形成轻松愉快的访谈气氛。

4. 准备访谈所需的材料与工具

访谈前要对访谈内容所涉及领域的相关知识有充分的了解，对有关材料做充分的准备，如访谈提纲、访谈记录表、各种证明材料、证件、录音机、录音笔、摄像机等。需要注意的是，在对被访者进行录音、摄像等时，要提前征得被访者的同意，否则只能采取纸笔记录的形式。如果被访者允许录音或录像，则一定要保证电源或电池充足，设备有足够的存储空间。

（二）访谈过程

访谈调查是人与人之间的交往活动，是社会互动的一种形式。通常被访者不会随意向陌生人提供资料。访谈的关键在于访谈员的言语表达艺术和交谈技巧。提问、倾听、回应被认为是访谈中的三项主要工作。在访谈中，这三项工作是相互依存，密不可分的。

1. 提问要明确清晰

提问要尽可能清楚明确，用口语表达，语气婉转。如果采用结构性访谈，就要按事先准备好的访谈问卷依次提问，不可任意增删文字或更换题目顺序。如果采用非结构性访谈，则要求所提问题短小、具体，避免使用模糊、抽象的专业术语。访谈员事先要熟悉访谈问卷的内容，熟悉每一个问题。发问的语气和态度不要咄咄逼人，要以平等的态度提问。

2. 对回答不做任何评价地听

听，是访谈员的态度和智慧，它包括“接受的听”和“建构的听”。

“接受的听”指的是访谈员主动接受和捕捉被访者给予的信息，注意他们谈话的实质和探询所说语言背后的含义。这是开放型访谈中最基本的倾听方式，是访谈员理解被访者需要掌握的基本能力。访谈员要在不打扰被访者的前提下给予被访者积极、礼貌的反馈。如不时地使用“嗯”“是”“懂了”“明白了”等非指导性的话语，或用点头、目光和手势等非语言信息鼓励被访者继续讲下去。

“建构的听”是指访谈员在倾听时积极地与被访者进行对话，在平等的交流中访谈员和被访者共同建构新的“现实”。在这种情况下，访谈员用自己的观点影响对方，得到对方的接受和认可，从而使访谈的内容成为双方共同探讨的结果。“建构的听”需要访谈员有较高的素质，有自我认识和反省的能力，能够与对方共情，通过双方互动对“现实”进行重构。“建构的听”是以“接受的听”为基础的。

3. 回应的技巧

回应指的是访谈员对被访者在访谈过程中的言行做出的反应，包括言语反应和非言语反应。回应的目的是使自己与对方建立起一种对话关系，及时地将自己的态度、意向和感觉传递给对方。回应会影响到被访者的谈话内容和积极性。常用的回应类型有以下几种。

(1)认可

认可指的是访谈员对被访者所说的话表示已经听见，希望对方继续说下去所给出的回应。其方式包括：言语行为，如“嗯”“对”“是的”“是吗”“很好”；非言语行为，如点头、微笑、鼓励的目光。认可能使对方感到自己被重视、被接受、被欣赏，从而鼓励对方多说话。

(2)重复、重组和总结

重复指的是访谈员将被访者所说的事情重复说一下，如被访者没有听清楚所提的问题，访谈员可以适时地重复一遍。例如：“你也许没有听清楚我刚才提出的问题，我再说一遍……”重组指的是访谈员将对方所说的话换一个方式说出来。总结指的是访谈员将对方所说的内容用一两句话概括出来。这三者虽然形式不同，但都有类似的功能：为对方理清所谈的内容；检验自己对对方所谈内容的理解是否准确；表明访谈员在注意倾听并满怀兴趣，从而鼓励和促使对方继续往下说。

(3)澄清

澄清是指如果访谈员不能确知被访者的意思，可请被访者重复描述一番，以澄清回答内容。如“我不完全懂你的意思，请你再解释一下”。澄清是访谈员对被访者谈话的反应，可以弄清楚是否理解了对方的陈述。

(4)追问

追问指的是访谈员就被访者前面所说的某一个观点、概念、事件或行为进一步探询。当被访者的回答不清楚、不完整或不合乎题目的意思时，需要访谈员接着提出些问题，以获得满意的回答，这就是追问。追问的目的是更多地了解事情的细节或对方的看法。追问要适时，不要打断对方的思路；还要适当，不要追问使对方为难的问题。

(5)自我暴露

成功的访谈员在访谈中并不总是听和点头微笑，在适当的时候也应该以适当的方式暴露自己。自我暴露指的是访谈员就对方所谈的内容，通过述说自己的经历或经验做出回应。这可以使被访者了解到访谈员曾有过与自己一样的经历和感受，从而拉近双方的心理距离，使访谈关系变得比较轻松、平等，如“我小时候也很调皮，常常被老师批评”。但是这种自我暴露要适当，避免喧宾夺主。

(三)访谈结束

访谈结束是访谈一个十分重要的阶段和步骤，而绝不是无足轻重的。一般情况下，被访者保持注意力的时间为：电话访谈 20 分钟左右；结构性访谈 45 分钟左右；团体访谈和非结构性访谈不超过 2 小时。以上这些数据可供访谈人员实施访谈时参考。至于一次访谈究竟花多少时间为宜，应根据访谈的实际情况灵活控制，以不妨碍被访者的正常工作和生活秩序为原则。

快到结束谈话的时候，访谈者可有意地给对方一些语言和行为上的暗示，表示访谈可以结束了。例如：“您还有什么要想说的吗？”“对今天的访谈您有什么看法？”或断开话题问对方：“您今天还有什么安排？”或做出准备结束访谈的姿态，如开始收拾录音机，合上记录本等。

访谈结束时，不要忘了对被访者的支持与合作表示感谢。应该向被访者表示通过访谈获得了很多有价值的材料和信息，学到了很多知识。如果这次访谈尚未完成任务，还需进一步调查的话，那么必须与被访者约定下次再访的时间和地点，最好还能简要说明再次访问的主要内容，让被访者有思想准备。

【案例】

幼儿教师职业压力访谈提纲

1. 您为什么选择幼儿教师这一职业？
2. 根据您的从教经历，谈谈您当幼儿教师的感受。
3. 是什么原因促使您继续从事幼儿教师这一职业？
4. 如果现在有一个很好的就业机会，您会放弃幼儿教师这一职业吗？
5. 您在幼儿园一般一天工作几小时？除了组织活动外，还做什么？
6. 您在幼儿园工作一天下来的感受是什么？

7. 您目前的工资一个月能拿多少？您期望的收入是多少？

8. 您所在的幼儿园是否为您办理了“五险一金”？

9. 您觉得您在幼儿园的付出与您所得到的回报成正比吗？

10. 您作为幼儿园教师，最大的回报是什么？

11. 您认为社会和家长对幼儿园教师有什么看法和期望？您是怎么看待这些的？

12. 您是怎么看待幼儿园的考评制度的？

13. 当工作中遇到困难时，您经常怎么办？

14. 作为幼儿园教师，您面临哪些压力？最大的压力是什么？

15. 您平常是怎么缓解压力的？

16. 您觉得您现在最需要得到哪些方面的支持和帮助？

【资料来源】王萍. 幼儿教师教研活动及写作指导[M]. 北京：中国轻工业出版社，2012

思考与练习

1. 调查研究的一般步骤有哪些？

2. 假设你是幼儿园老师，想要了解本班幼儿的家庭情况，你会主要调查哪些情况？请针对这一情况设计一份由家长填写的问卷。

3. 访谈前的准备工作应包括哪些主要内容？

4. 请运用访谈法分小组就学前教育的某一主题进行模拟调查，三人一组分别担任访谈员、记录员和访谈对象。

第六章 教育实验法

学习目标

1. 理解教育实验法的含义与特点。
2. 掌握教育实验法的基本过程。
3. 能根据研究课题进行实验设计。

第一节　教育实验法概述

一、教育实验法的含义

（一）实验研究

学前教育研究的方法是多种多样的，实验研究是学前教育研究中最基本、最重要的方法之一。要探索教育实验法的定义，首先要界定什么是实验研究。实验研究是自然科学领域内广泛使用的方法，如巴甫洛夫对生物现象的实验研究、牛顿对物理现象的研究等，都是使用实验研究的范本。实验研究是研究人员为了实现预定的目的，在控制的条件下，研究某种现象的一种科学方法，它是人类获得知识、检验知识的基本实践形式。

(二)教育实验法

教育实验法是指研究者为了解决教育中的问题,根据一定的教育理论或假设,组织有计划的教育实践,经过一定的时间,就实验效果进行比较分析,从而得出有关实验因素的科学结论的研究方法。教育实验法是实验研究的一种特殊形式。与自然科学相比,它对条件的控制要宽松得多。其研究目的通常为探索教育现象之间的因果关系,揭示一定的教育规律。

二、教育实验法的优点和局限

任何一种方法在使用的时候都有长处和不足,教育实验法也不例外。

(一)教育实验法的优点

1. 研究内容的丰富性

教育实验法的研究领域是极为宽泛的,内容是极其丰富的,它既可以研究学前儿童身心发展的许多现象及现象之间的关系,也可以只研究某个现象;它既可以同时对许多幼儿园或多个幼儿进行研究,也可以只对某个幼儿园、少数或个别幼儿进行研究;它既可以长期地对某个现象或某个幼儿进行追踪研究,也可以在较短的时间内进行短期探索。所以,教育实验法的研究对象和内容是十分丰富和宽泛的。

2. 研究过程的计划性

教育实验法不同于其他的教育研究活动,它的进行有严密的计划性。例如,进行教育实验研究时必须做好研究设计,就是要对实验过程中被试的选择、研究材料和工具的确定、实验程序的使用等一系列过程进行严格的计划。

3. 研究结果的科学性

教育实验研究是一种独立进行的实验活动。它要对与实验无关的因素进行人为的控制,尤其是实验室实验,是在对无关因素严格控制的条件下进行的,从而排除了无关因素的干扰,获得更为科学、更为可靠的研究结果。另外,教育实验法的可重复性特点,也使得实验结果的科学性得以进一步地加强和验证。

(二)教育实验法的局限

1. 教育实验法实行的难度较大

教育实验研究的对象通常是人、人的心理及行为,人的心理、行为是世界上最为复杂的活动,因此,对人的各种行为的解释是难度较大的活动。

2. 教育实验法对条件和操作者的要求较高

由于教育实验研究是一系列的活动过程,要对假设进行界定,要进行研究设计,要对变量进行操作,要对无关因素进行控制,要人为地控制或创设一定的情境,排除无关因素的干扰等,最终才能科学、真实地显示实验的结果。因此,对实验的条件要求比较高,任何一点疏漏都可能导致整个实验研究的失败。教育实验法对实验者的要求也较高,要求实验者具有清晰的头脑、严密的思维、较强的数理分析能力和文字处理能力。

三、教育实验法的类型

教育实验法的类型是多种多样的,从不同的角度可以将其分成不同的种类。

(一)现场实验和实验室实验

1. 现场实验

现场是指教育现象发生的场所,是特定的真实的生活环境,如幼儿生活的班级、家庭等。现场实验就是在真实的社会环境中,尽可能地控制一些无关的现象(无关变量),通过操纵自变量和对因变量进行观测,来分析和解释变量之间因果关系的一种实验法。它具有真实性和自然性的特点,更接近于儿童的自然生活和真实行为表现。同时,由于在现场实验中,研究者可以发现研究过程中未曾预料的问题,并及时调整研究方案,因此,它具有灵活性的特点。另外,由于现场实验是在真实的场景中进行的,没有实验室中的人为性、特殊性,所以其研究结果推广的可能性要比实验室实验大。

2. 实验室实验

实验室实验是指在实验室中,通过严密的实验控制,改变和操纵自变量,控制所有的无关变量,以保证实验结果可靠性的实验。

由于实验室实验能够精密地控制实验的条件,精确地解释变量间的因果关系,并使用大量的仪器设备显示刺激和记录结果,因此实验室实验的结果比较客观、准确。但是,由于实验室实验要受到实验条件和实验对象的限制,在操作时常常会遇到许多困难。另外,实验室实验是在特定环境中进行的,这也使得实验结果的推广受到一定的限制。

(二)探索性实验和验证性实验

1. 探索性实验

探索性实验是指以一定的理论为基础,探索某种实验假设实现的可能性的实验,如关于幼儿早期教育的实验就是以儿童教育学、儿童心理学、儿童发展学等理论为基础,探索对儿童实施早期教育的可能性、实施的方式方法和实施的年龄阶段的研究。

2. 验证性实验

验证性实验是指在探索性实验已经取得一定成绩的基础上,对已经形成的某种理论假设做进一步的验证和推广的实验,是对已经取得一定成绩的实验成果做进一步巩固和推广的过程。例如,在儿童早期智力开发的基础上,探讨对儿童进行早期的多元智力训练的措施。

(三)前实验、准实验和真实验

1. 前实验

前实验是指在实验过程中实验者操纵和改变了自变量,但是实验对无关变量的控制较差,实验结果可靠性较低的一种实验方式。

例如,某幼儿园开展的“蒙台梭利教学对幼儿数学逻辑思维培养”的实验,虽然在实验的过程中对幼儿进行了蒙氏教学(自变量),但是,由于没有对幼儿的成长因素、家庭因素、兴趣因素等无关变量进行控制,因而使无关变量与自变量的作用发生混淆,从而降低了实验的准确性。

2. 准实验

准实验即类似真实的实验,在实际的情境中,由于环境的约束,不能用严格的实验设计来控制无关变量,但是,可以将一些影响实验结果的变量进行分类,作为自变量的因素进行控制,来搜集、整理、统计分析资料,得出比较可靠的结论。

3. 真实验

真实验指以数理统计为基础的实验,这种实验不但能够对各种无关变量进行周密的控制,还可以用比较精确的统计方法帮助分析实验结果。这种实验的结果可靠性较强,但是操作的难度也较大。

(四)单因素实验与多因素实验

1. 单因素实验

单因素实验是指实验中的自变量只有一个的实验。例如,“教师的语气对幼儿行为的影响”,在这个实验中,自变量只有一个,即“教师的语气”。一般情况下,单因素实验操作较简单,但是对一些无关因素的控制往往不够充分。

2. 多因素实验

多因素实验是指实验中的自变量有两个或两个以上,如“影响家园互动的各种因素的研究”,在这个实验中,实验的自变量可以有多个,如教师的态度、家长的素质、幼儿园的引导等,都可以作为自变量进行研究。相对单因素实验来讲,多因素实验考虑到了实验的各种因素,使实验比较接近日常情形,但是,由于实验的因素较多,实验结果的处理十分复杂。

第二节　教育实验法的一般程序及注意事项

一、教育实验法的一般程序

(一)教育实验的准备阶段

教育实验能否取得成功,很大程度上取决于实验前的准备工作。教育实验研究的准备阶段要做好如下工作。

1. 选定实验研究的课题

选好实验研究的课题是进行实验研究的第一步,也是关键的一步,它不仅关系到整个实验研究的目标、内容、方法和实施的途径,而且制约着研究结果的层次和水平。因此,课题的选定直接影响着实验的价值和成败。

2. 进行实验设计

所谓实验设计是指针对需要验证的实验假设,有目的、有计划地搜集资料而后所建立的设计方案,它是对教育实验一系列活动过程的预先描述和设计,主要包括以下内容。

(1)提出研究假设。在科学研究中,当研究的问题确定以后,研究者要根据事实和已有的资料对所要研究的问题设想出可能的答案或结论,即提出假设、假说或假想,它能够帮助研究者进一步明确研究的方向和内容,指导研究深入发展,从而避免研究的盲目性。例如,关于“开发学前儿童潜在智慧”的研究,其假设是学前儿童具有很大的潜在智慧,如果能够较好地组织教学过程,恰当地使用教学方法和处理教学过程中的各种因素,就能够提早打开学前儿童智慧的大门,使他们的各方面能力得到良好的发展。

(2)制订实验计划。实验计划是研究者对如何实施研究所做的详细规划。主要包括研究什么(即所要研究解决的具体问题)、为什么进行研究(即研究的目的和意义)、怎样进行研究(即如何进行实验)等。

(3)撰写实验设计报告。实验设计报告是对实验活动的具体操作计划的文字性的说明,对整个教育实验的活动起着引导作用,实验计划撰写的主要内容有:实验课题名称;实验研究的目的、意义;该实验研究的历史和现状;实验研究假设及具体问题;实验研究的方法(实验的类型、自变量的确定及操作、因变量的测定、无关变量的控制措施、被试的选择及分配等);实验的基本步骤(实验的主要研究阶段、最终完成的时间);实验成果的形式;课题组的成员及具体的分工;实验经费的预算情况。

(二)教育实验的实施阶段

实施阶段即按照实验计划逐步开展教育实验的过程,这一阶段的主要任务就是创设一定的条件,通过对自变量的操作、因变量的测定及无关变量的控制来观测假设的现象是否会发生,以及由此而产生的效应,并收集、记录、验证假设所需的资料、数据等。同时,对研究的进程进行及时的调控,发现问题,解决问题。

(三)教育实验结果的总结和评价阶段

这一阶段即对教育实验中所取得的资料、数据进行处理分析,对研究假设进行检验,得出科学的结论及确定实验结果的推广范围的活动过程。主要包括如下环节。

1. 整理实验资料

在教育实验实施的过程中,研究者获得了大量的原始资料或数据。因此,研究者必须按照实验的目的和要求对原始的资料进行审核、汇总和评价。通过对资料的整理,可以发现资料之间的内在联系,从而探寻规律,验证假设,这是教育实验能否取得成果的重要的环节。在整理资料时必须坚持客观性和系统化的原则。客观性原则指在搜集资料时要实事求是,不能为了获取某种实验的结果而人为地变更数据和资料;系统化原则是指对资料的分析要有一个“去粗取精、去伪存真”的过程,使研究的数据条理化、系统化,为下一步对研究结果的分析、统计创造条件。

2. 统计分析实验结果

统计分析实验结果指在教育实验研究的过程中,在对实验结果进行加工整理后,运用定性分析和定量分析的方法,揭示教育现象的本质和规律,从而得出结论的过程。

3. 撰写教育实验报告

教育实验报告是以书面的形式反映教育实验的过程和结果的一种研究报告,它是教育实验研究过程的最后一个环节,也是对实验结果进行交流、评价及进一步推广的基础,不仅对现行实验的进一步深入有积极的意义,而且,对开发新的实验课题,提高实验的理论和技术都有积极的促进作用。

二、教育实验法的注意事项

教育实验法实施的过程,一般以教育实验方案的形式表现出来。教育实验方案的形成,实际上是对教育实验的总体构想,是一个包括明确研究目的、形成假设、确定实验研究变量、确定取样方法和安排实验处理的一系列活动过程,而不仅限于对教育实验类型的选择。实验过程的设计是教育实验研究的主体工作,也是整个教育实验研究关键的一环。教育实验设计的科学性是教育实验达到实验目的的重要保证。

(一)确定变量关系

在教育实验研究中,一定有三种变量,即自变量、因变量和无关变量。任何一项实验,都是根据研究目的,操纵自变量,使其对被试产生影响,控制无关变量,使它们保持恒定,观察因变量,最终揭示自变量与因变量之间的因果关系。

(二)取样在量上和质上都要有代表性

取样就是从一个总体中选出一部分被试作为研究对象,抽取出来的那一部分被试叫做样本。由于研究范围的不同,抽取的样本容量存在差别。研究个别问题,取样每组为30人即可,研究带有普遍性的问题,人数要更多一些。取样要考虑被试的年龄、性别、文化背景、心理水平的代表性,使样本能够真正代表全体,使结果具有真实性和全面性。

(三)教育实验分组

在教育实验研究中,我们把接受自变量刺激的一组对象叫做实验组,而把不接受自变量刺激的一组叫做控制组(或对照组)。设置控制组的主要目的,是为了将研究本身对实验对象的影响与受自变量刺激的影响区分开来。为了达到这种目的,就要求实验开始前,实验组和控制组成员的各方面条件和状况相差无几,即基本上不存在大的差别。

针对实验组或控制组,研究者在进行样本分组时要考虑如下方面:便于体现实验要求;有利于限制无关因素的影响;用尽可能少的实验次数取得最好效果。

教育实验研究中的分组一般存在三种情况。单组:同一组被试先后接受所要研究的自变量的刺激。等组:就是把被试按相似条件分成两组或几组,分别接受自变量的刺激,等组可以是两组也可以是三组或更多组。轮组:就是以不同的顺序,使各组被试轮流接受所要研究的自变量的刺激。

(四)科学安排前测和后测

由于任何实验的关注点总是在于自变量(实验处理)的效果,所以,证明这种自变量确实产生了某种效果,就显得非常重要了。正是这种证实自变量在产生效果中的中心地位的需要,使得前测、后测设计在教育实验研究中具有重要地位。实际上,实验者所寻求的并不是自变量实施后的结果,而是因变量的变化——从自变量实施前的某个时间点到自变量实施后的某个时间点的变化。在实施实验处理以前对实验对象进行的测量称为前测;而在实施实验处理后对实验对象的测量称作后测。

第三节 教育实验法的实施

一、实验假设

(一)实验假设的内涵

假设又称假说,是实验者根据已有的知识、经验对所研究的问题预先假设的某种答案,既是对实验结果的预测,也是对实验涉及的主要变量之间相互关系的设想。教育实验的假设是教育实验活动的出发点,教育实验以假设为前提,并围绕假设逐步展开。具体来说,实验的过程就是用具体的环节和措施来证明假设成立的可能性的过程。一个好的实验假设应该具有如下特点。

1. 科学性

实验假设是建立在理论分析或对前人经验分析的基础上的,而不是毫无根据地推测和主观臆断,所以,假设要有一定的科学根据。

2. 预测性

虽然实验假设的提出要有一定的科学事实做根据,但是假设只是假设,毕竟不是真实的结论,是有待进一步证实的。

3. 可验证性

教育实验的假设应该是可以检验的,也就是说,它的真伪可以通过研究或以后的实践来确定,一个不能检验的假设将永远停留在假设的水平上,无法进行研究和证实。

4. 明确性

教育实验研究的假设要以叙述的方式,明确地说明两个或多个变量之间的关系,概念要简单,表述要清晰、简明、准确。

（二）实验假设的确立

教育实验的真正任务在于探索未知，逐步形成理论。实验假设则是理论形成和发展的重要基础，所以确立实验假设是教育实验过程中的重要环节。

例如，一个幼儿在活动中无精打采，我们会询问其身体情况。这意味着我们假设幼儿无精打采的原因是身体不舒服。如果的确是身体不舒服，这就证实了原先的假设，问题得到解决。如果不是，我们会继续假设：是教师开展的活动内容不具有吸引力，还是幼儿家庭中出现了什么问题等，然后再针对假设进行验证。实验假设的形成是从观察发现上升到理论发现的中介环节，是由对个别的、特殊的现象的发现过渡到对普遍的、一般的发现的过程。

1. 实验假设的基本环节

第一，在搜集和占有大量事实资料的基础上，提炼出科学问题。

第二，寻求理论支持，形成初步假设。为了回答假设的问题，要充分运用各方面的科学知识，并且灵活地展开归纳、分析、综合、类比、想象等思维活动，形成解决问题的基本观点，这些观点常常被表述为假设的核心。

第三，在初步假设的基础上推演出各相关现象的内在联系，使假设发展成科学的、系统的理论形态。

2. 实验假设的类型

在教育实验的实际操作过程中，通常按性质把实验假设分为三类。

（1）特定假设

特定假设是推测特定对象之间关系的假设，指向个别的、具体的、特定的事例，如在儿童的阅读能力上，接受早期教育的幼儿要强于没接受早期教育的幼儿。

（2）一般假设

一般假设是推测一般种类对象之间关系的假设，指向普遍的、抽象的、可推广的事例，如女孩的言语表达能力一般要好于男孩。

（3）虚无假设

虚无假设是推测某种不存在的、无倾向的关系的假设，指向中性的、无差异的、无区别的事例，如在儿童的快速反应能力上，男孩与女孩无差异。

特定假设和一般假设在表述上一般具有倾向性，是定向假设或者方向性假设，它揭示了结果的预期方向，一般情况下易于理解和讨论。虚无假设是非定向假设，只要拒绝虚无假设，也就认可了某种定向假设。

二、变量控制

变量控制是教育实验的最本质的特征。研究者要提高实验研究的质量，就应加强对教育实验中变量控制的研究。变量的控制，从广义上讲，它包括对实验进程中自变量、因变量及无关变量的控制，以及对因变量的观察、记录和测量。从狭义上讲，变量控制仅仅是指对无关变量的控制，而对自变量则使用“操作”一词。

（一）自变量的控制

自变量的控制，就是实验者对自变量的操作和具体处理。控制时，要令其有系统地变化，而且变化的差异要尽可能大。如，要研究时间（自变量）与遗忘（因变量）的关系，实验者怎么控制“时间”这个自变量呢？正确的控制方法是：时间的选择应采用日期的变化顺序，而不宜采用小时的变化顺序，因为后者变化差异太小，所产生的效果不易辨别。又如，以教学方法作为自变量时，则两种（或两种以上）教学方法应有显著的不同，实验效果才便于比较。例如，要检验教学中启发式教学法的效果，控制组（即对照组）应采用讲授式教学法，而不应采用提问式或暗示式教学法，因为讲授法与启发式教学法差异明显，而提问式或暗示式均与启发式有相似之处，若采用后两种方法，效果不容易进行比较。

此外，控制自变量还可以从如下方面着手。第一，对自变量进行明确界定，并写出操作性定义，令其重复不走样，推广不失实；第二，实验者严格按照预先界定的自变量的含义和要求去实施。如“用活动教具教大班幼儿画人物不同姿态的实验研究”课题，“活动教具”就是这个实验的自变量，研究者给“活动教具”下了操作性定义，即用吹塑纸剪出一个圆形、一个大长方形、四个小长方形，连接成正面、侧面两种模拟人形，连接处用针线订好，可以活动。实施实验时，如果实验者能够严格按照上述操作性定义对自变量进行操作，那么就是对自变量的控制。

(二)因变量的控制

因变量的控制主要包括指导语和指标的确定,其目的就是全面、客观地对因变量进行测量。对指导语的控制,就是指必须使指导语标准化,即对所用的词语,主试者的表情、语言声调等方面都做统一化处理。指导语设计应具有指向明确、简洁明了、易于理解的特点,让被试清楚明白并做出相应的反应。指标是指对被试反应的观测或对因变量的度量指标。一般而言,在教育实验研究中,作为因变量的观测指标主要有如下几类。

第一,准确性方面的指标。即正确率或错误率,它常用在观测被试的知识和能力等方面的发展状况的研究中。

第二,速度或敏捷度方面。这个方面通常有两种情况:一是工作量一定,完成工作所需要的时间;二是时间一定,所完成工作量的多少。如搭建某一造型作品所需要的时间、每分钟阅读的速度等。

第三,概率或频率。某些反应出现的概率或频率,也常被用作反应变量的指标。

第四,各种成就测验与心理测验的量表分数及评价者的评定分数等。

在教育实验研究中,究竟应该如何选用恰当的因变量指标,研究者要根据研究的需要及有关的研究经验确定。

(三)无关变量的控制

无关变量是指那些在教育实验研究中,除研究者操作的自变量外一切能影响实验结果的变量。对于无关变量,研究者难以一一加以控制,通常的控制是指尽可能地将其中最明显的无关变量以及对实验效果有重大影响的无关变量挑选出来,加以控制。控制的方法主要有消除法、恒定法、平衡法、随机法、抵消法、纳入法等。

1. 消除法

即研究者设法排除或隔离教育实验中的无关变量,使自变量简化,从而突出自变量与因变量的因果关系。消除法虽然能很有效地控制无关变量,但是由此得出的实验结果会缺乏普遍的推论性。例如,只用男生作为研究对象,将来结果就不适用于女生。因此,在实验设计中,消除法并不是很常用的方式。

2. 恒定法

研究者在教育实验研究中，应尽量使无关变量恒定地作用于实验，从而不影响实验效果的推断。

3. 平衡法

在分组比较实验中，尽量使实验组和控制组（对照组）受到同等变化的其他变量影响。在教学方法的实验中，实验者经常使各实验组的教师水平和被试数目、智力水平、知识基础相当，使无关变量均衡地作用于各组，最后把各组因变量之差合乎逻辑地归结为自变量的作用。

4. 随机法

即在选择被试、安排实验处理顺序等许多实验环节上不受实验人员主观意图的影响，而由偶然机遇来决定。教育实验研究中，实际使用这种方法时，可以划分成两个步骤：第一步使用随机的方法将参加实验的所有人员进行均等分组；第二步是以随机的方法决定哪个组是实验组，哪个组为控制组（对照组）。随机控制的方法，虽然各方面在事实上未必完全相等，但理论上他们相等的机会是比较大的。

5. 抵消法

让同样的被试先后接受几种不同的实验处理，使每一种实验处理以不同的次序出现，列成机会均等的组合，并随机分派接受各个顺序的组合。

6. 纳入法

就是把影响实验结果的某种（或某些）因素也当作自变量来处理，将其纳入实验设计中，成为多因素实验。这样，不但可以收到控制效果，而且还可以进一步了解变量间交互作用的结果。

三、实验效度

实验效度是指实验的有效和真实程度，是检验和衡量实验设计水平的基本操作标准。通常包括内效度和外效度两方面的内容。

(一)内效度与外效度

1. 内效度的含义

内效度指实验结果反映自变量和因变量关系的程度。如果在实验过程中较好地排除了无关因素的干扰,使实验的结果(因变量的变化)的确由自变量引起,则说明这个实验有较好的内效度。

2. 外效度的含义

外效度指实验研究的结果被推广到实验范围之外的可行程度。任何一项实验研究的结果都希望能够在较大的范围内被推广和使用,具有比较高的外效度也是一项实验研究能够推广的必备条件之一。但是,在运用实验结果进行推广的过程中,一些主客观因素的作用常常使实验的外效度受到影响。例如,在城市范围内进行的教改实验,在农村推广起来就可能会受阻,这样实验的外效度就可能较低。

(二)影响内、外效度的因素

1. 影响内效度的因素

如果在实验的过程中对无关因素控制不好,使无关变量与自变量产生混淆,实验结果受到影响,则证明这个实验研究缺乏内效度。影响内效度的因素主要有以下五个方面。

(1)前测效度

在许多研究中,研究者为了掌握被试初始状态的材料,常对被试实施前测(即实验前进行的测试),这种前测可能会对实验结果带来积极或消极的影响。例如著名的“霍桑实验”,在实验中,无论灯光的强与弱,工人的工作效率都得到了提高,原因就是工人知道正在进行实验,从而对结果产生了影响。

(2)偶发事件的影响

在实验过程中常会出现与实验变量同时发生,并对实验结果产生影响的偶发事件,当出现这种情况时,实验者往往无法判断实验结果是由自变量引起的,还是由偶发事件带来的。

(3)成熟的因素

成熟的因素是指随着教育实验时间的延续,被试身心发生了变化,从而影响了实验结果的真实性。例如,幼儿言语能力的快速发展,可能是幼儿自己身心成熟的结果,而不是使用了新教学方法的作用。另外,在实验过程中,被试的疲劳程度、饥饿等因素都可能会影响到实验的结果,导致内效度的降低。

(4)工具的使用

在实验过程中如果仪器使用不当、仪器失灵或电压出现变化,都会给实验结果带来误差。

(5)被试的中途缺失

在实验过程中,由于某些原因被试中途退出实验,会造成实验结果的偏差。

2. 影响外效度的因素

(1)测验的作用

有前测或后测的实验设计中,被试由于觉察到自己处于实验的情境中,对有些因素进行了控制,使实验结果与真实结果有一定的差异,这样的结果进行推广或迁移就有可能出现问题。

(2)样本选择的偏差

由于某些原因,在取样时样本过小或出现偏差,使实验的样本不能代表总体,也会在推广时出现问题。

(3)重复实验的影响

如果同一组被试在较短的时间内连续进行了两种或两种以上的实验,前面的实验往往会对以后的实验产生积极或消极的影响,使被试产生练习效应或疲劳效应。因此,这种实验得到的结果就不能在非重复实验的情况下推广。

四、教育实验结果的验证

(一)从教育实验程序上检验

从程序上检验是指在教育实验过程中,按照一定的标准,对教育实验过程中的各方面因素的科学性程度进行价值性验证的过程,即从教育实验程序上对实验设计的科学性、操作的规范性进行的检验。例如,选题是否恰当,假设的理论构思是否可行,论证是否充分,实验设计框架的操作是否规范,自变量、因变量的确定是否合理,无关变量的控制措施是否有效,资料的整理和统计是否真实、客观等。

(二)用教育实验系数进行检验

主要指对实验结果中一些数据进行数量化的分析,从而检验实验结果的科学性程度,即对实验所获得的原始数据进行系统的统计分析和检验。例如,对教育实验的结果进行标准分、标准差、显著性检验,以及方差分析等处理。

(三)与其他有关的已确立的定理、定论对照进行检验

已确定的定理和定论是在前人反复实验的基础上被提炼出来总结而成的,具有一定程度的权威性和实用性,在实验过程中,把实验的结果与之进行对照,如果所得的实验结果与某些定理、定论相符合,则说明实验结果具有一定的价值。

(四)用重复实验来进行检验

教育实验毕竟是一种实验,是在某种特定的条件下所获得的实验结果,不一定能够完全排除偶然性。但是,教育实验的一个突出特征就是可重复性,如果实验能够经得起反复推敲和验证,那么实验结果的科学性程度就能够得到保证。

【案例】

PBL 教学模式对幼儿元认知、合作水平及提问能力的影响研究

深圳市某幼儿园为了验证"基于问题式学习"(Problem-Based Learning, PBL)教学模式对幼儿元认知、合作水平以及提问能力的影响,进行了为期一年的实验研究。他们根据随机取样原则,在大班中选择了一个实验班、一个控制班,并从愿意承担实验任务的教师中挑选了两位业务素质、教学水平、工作年限都相近的教师负责组织两个班的教学活动。实验班采用 PBL 教学方法,控制班采用传统教学方法活动。整个实验期间,除了教学方法不同外,幼儿园对这两个班的其他各项活动一视同仁,在大班下学期期末进行测验作为后测成绩。

这个实验设计由于在实验前进行了随机取样,幼儿、教师的水平大体相当,

并且在整个实验过程中对其他无关变量进行了控制，使无关变量对两个班的影响效果基本相同，因此可将实验班幼儿元认知水平、合作能力以及提问能力的显著提高归因于PBL教学方法所产生的效应。

【资料来源】龚冬梅. 学前教育科学研究方法[M]，南京：东南大学出版社，2017.

思考与练习

1. 教育实验法的特点有哪些，局限性是什么？
2. 无关变量的控制方法有哪些？
3. 教育实验设计的步骤有哪些？

第七章

测验法

学习目标

1. 理解测验法的含义与性质。
2. 了解测验的类型,掌握标准化测验及其应用。
3. 熟悉学前教育研究的常用测验量表。

第一节　测验法概述

在教育研究中,往往要对研究对象进行测量,测验法是运用标准化的测验量表,按照规定的程序对个体进行测量,从而研究人的心理发展特点和规律的研究方法。测验量表是发展心理学的一种重要研究工具,具有评估、诊断和预测的重要功能。有些项目可以直接利用现成的测量工具,有些可能要花时间和精力开发自编的测量工具,无论哪种情况,都是利用测量工具准确客观地描述出研究中的变量、概念和现象,为了解学前儿童发展水平,提供所需数据。

一、测验法的概念

(一)测验与测验法

1. 测验

测验是指遵循一定的标准和程序,使受测者对编制好的一组刺激做出反应,施测者可借此对受测者所测的特质进行数量化的描述,测验是进行测量的工具。

2. 测验法

测验法是指通过心理与教育测验来研究心理与教育活动规律的一种方法。即用一套标准化题目,按规定程序,通过测量的方法来收集数据资料。在教育研究中,往往对研究对象进行数量化的描述,如儿童的成绩、智商、语言、交往行为、态度、学习动机、兴趣、动作的熟练程度、注意力等都可以被测量。因此,测验法是学前教育科研的重要方法之一,对教育研究有重要的意义,有了测验法,对事物的描述更加准确,结果更有说服力。

(二)量表

量表是一组符号或一组数量,经过某种建构过程能够依一定规则描述该量表所测量的行为特征。量表按量化水平可分为:名称量表、顺序量表、等距量表、等比量表。量表是测验的重要构成部分,但也可不用于测验。

(1)名称量表:表示事物在属性与类别上的不同。在数据处理时,要对其进行数值化。如:“性别”是“男”时,编码为1;“性别”是“女”时,编码为0。特点:数字仅仅是事物类别的标记符号,无大小之分、无零点、无单位、不能运算。

(2)顺序量表:也称等级量表,表示研究对象在某一属性上的顺序。如,根据学生的测试成绩进行排名,成绩优秀 =4,良好 =3,一般 =2,差 =1。特点:数字无相等的单位,不能进行加减乘除运算,但有大小和先后顺序之分。

(3)等距量表:也称间距量表,取值为具有“距离”特征的变量。如,三个儿童的身高测得分别100cm、105cm、110cm,前两者和后两者之间都相距5cm。特点:等距量表有相等的单位,可以进行加减运算,但乘、除无意义。

(4)等比量表:具有绝对零点和相等单位的量表。等比量表除了具有名称、顺序、等距量表的特征外,还有一个具有实际意义的绝对零点。零点是测量的起点和参照点。有些零点是人为设定的,称相对零点如成绩0分。有些零点有实际意义,称绝对零点,如身高、学生人数等。

二、测验法的特点

(一)间接性

研究者无法直接测量人的心理,只能通过测量人的外显行为来推论他的心理品质。心理测验的间接性大大增加了测量工作的难度。在测验过程中,受许多无关因素的影响,易产生测验误差,影响测验结果的准确性,对测验内容的界定也比较困难。学前教育研究中,教育工作者、研究者不能直接测量幼儿的心理,只能通过测量幼儿的外显行为等推论出他们的心理特征。测验法的间接性容易导致测量误差,增加测量的难度。

(二)相对性

测验法的相对性,即指测量的结果往往是相对的。由于测量有间接性,其参照系统往往是人为标准。在对人的行为做分析、比较时,没有绝对的标准,也没有绝对零点,只是一个连续的行为序列,测量的结果只能说明每个个体在群体中所处的位置。

(三)客观性

测验法的客观性是关于测验系统化过程好坏程度的指标。心理与教育测验所测量的心理与教育现象是客观存在的;心理与教育测验在编制、施测、评分和解释方面都有一套严格的程序,无关变量的影响受到了尽可能的控制。测验量表的编制过程客观、严谨,效果准确可靠,标准化程度较高,施测、计分、评价等均有统一标准,容易控制,便于操作,结果更为可靠。

(四)可行性

研究者可以根据研究需要,在已标准化或修订过的测验量表中加以选择,而不用自己编制,方便省力。

(五)局限性

测验法也有自己的局限性。

第一,难以进行定性分析。测验法主要用数据进行定量的研究。

第二,难以揭示变量间的因果关系。

第三,难以排除非人为因素的影响。

需要指出的是,各种测验技术在实践中仍需不断地修订和完善,实施测验必须严格遵守心理学和社会学的原则,测验的结果须由受过科学训练的专家加以解释和应用。

三、测验法的功能

测验法有诊断、预测两种功能。

预测:即通过测验法,可明确不同类别的人之间的差异,根据这个差异,就可在某种程度上预见到不同类别的人在将来的活动中存在的差异。

诊断:它注重的是个人的特性,即个人特性之间的差异。例如利用测验法诊断出某人是言语能力还是操作能力存在问题。

测验法的这两种基本功能在实际中表现为:选材功能、安置功能、诊断功能、咨询功能。

四、测验法的类型

在教育研究中,测验的种类很多,可按不同的标准分类得出不同的测验类型。

(一)按测验的内容划分

1. 智力测验

测量人的一般智力水平。如韦克斯勒(幼儿、儿童和成人)智力量表和卡特尔16种人格因素量表便是我国目前经常用以进行智力和人格测验的量表。

2. 能力倾向测试

测试潜在的某种能力，多用于升学、职业指导以及一些特殊工种人员的筛选。如音乐、绘画、机械技巧，以及语言能力测验。

3. 成就测验

成就测验多用于测验被试经过某种形式的学习后对知识、技能的掌握程度和熟练水平。在学前教育研究中，它测量的是经过教育或训练后，学前儿童所具有的知识能力水平，教师通过测验来了解儿童已经学会了什么和能做什么。这类测验要求被试尽可能地做出最好的回答，以供测验者对人的能力做出评定，学绩测验就属此类。

4. 人格测验

多用于测量性格、气质、兴趣、态度、品德、情绪、动机、信念等方面的个性心理特征。如罗夏墨迹测验、卡特尔 16 种人格因素量表(16PF)等。

(二)按测验材料划分

1. 文字测验

文字测验所用的是文字材料，它以言语来发出刺激，被试用言语做出反应，通常采用填空、选择、是非、简答等文字性材料的测验题，要求被试用口头形式作答。如明尼苏达多项个性测验(MMPI)、卡特尔 16 种人格因素量表(16PF)及韦克斯勒儿童和成人智力量表中的言语量表部分。这种测验实施方便，但容易受被试文化程度的影响，因而针对不同教育背景下的人使用时，其有效性不稳定，有时甚至无法使用。

2. 非文字测验

这种测验通常采用图形、符号、仪器、模型、工具等实物性材料的测验题，要求被试用操作形式作答，无需使用言语作答，不受文化因素的限制，可用于学前儿童和不识字的成人。如罗夏墨迹测验、韦克斯勒儿童和成人智力量表中的操作量表部分，以及瑞文测验量表都属非文字测验。缺点是大多不宜团体实施，在时间上不经济。

(三)按测验方式划分

个别测验,即对一个被试单独进行的测验。

团体测验,是在同一时间里对一组被试一起进行的测验。

(四)按测验的标准化程度划分

1. 标准化测验

标准化测验往往由专门机构编制,从施测条件到记分手段都有严格而明确的规定。标准化的目的在于尽量减少测量误差,测验的规模越大、越重要,要求的标准化程度越高。标准化测验比较客观科学。不过,标准化测验编制的时间比较长,花费的人力、财力也比较多。

2. 自编测验

自编测验是指教师根据自己在教学各个阶段的需要,运用标准化测验的一些原理,自行设计与编制的测验。其特点是:应用范围小,制作过程简易,施测手续方便,但测验质量不如标准化测验,它是一种非标准化测验。尽管有一定的主观性,但教师可以根据教学进度随意编制这种测验,用起来也比较灵活方便。教师掌握自编测验技能,能适应多样性的学科教学,促使教学更有针对性,是日常测定学生学习成就的主要工具。

(五)按解释分数的标准划分

1. 常模参照测验

常模参照测验是以常模为标准来解释测验分数意义的测验。所谓常模是指一定群体在测验所测特质上的一般水平,它是解释分数的标准或参照点。常模参照测验的目的在于把测验成绩做横向比较,指出每个被测对象在某一参照群体中的相对位置的高低,如各种选拔测验。我国学前儿童常模的参照测验工具主要集中在智力测验和儿童身体发育测验方面。如:中国比内智力测验、韦克斯勒儿童智力量表(WISC)等。

2. 标准参照测验

标准参照测验是以预先确定的目标为标准来解释分数意义的测验。将每个被试的成绩与预定的标准比较,看其是否达标,以及达到什么程度。标准参照测验的目的在于测量学生达到预定目标的程度,而不是为了进行个人间的横向比较。比如:毕业考试、英语水平测试、教师资格考试、钢琴考级等都是标准参照测试。有时,同一个测验根据不同标准可以划分到不同类别中,因此测验类型的划分是相对的。

第二节 标准化测验及其实施

一、标准化测验概述

(一)标准化测验的含义

标准化测验是指由专家或学者所编制的,适用于大规模评定个体心理特征或水平的测验。这种测验的命题、施测、评分和解释都有一定的标准或规定。由于测验条件的标准化,测验的结果比较客观一致,适用的范围和时限也较广。一个标准化测验的首要条件是具备较高的信度和效度。想要有效地改进测验的信度和效度,教师就要提高测验和评分过程的标准化程度,并根据标准来对照和解释测验结果。

(二)标准化测验的特点

标准化测验与其他测验有着本质的不同,主要表现在以下四个方面。

1. 试题编制的标准化

标准化测验是由专门机构的专家学者组成的命题小组,按一定测验理论和技术集体编制的。编制题目前,他们还要统一思想,明确测试目的,编写测试大纲,制订编题计划。编制题目时严格按照大纲要求和计划内容编写,并由专门人员对试题进行审查,从中筛选一部分质量高的题目组成试测试卷进行试测,再根据试测结果进行统计分析,计算出试题的难度和区分度等数据。如果有些数据不符合要求,还要对试题进行修改。测验专家能更系统、合理地进行测验内容的取样和题目编制,能比较全面地考虑造成测验误差的各项因素,并最大限度地减少这些因素的影响,从而将各方面的误差控制在尽可能小的范围内,使测验可靠准确。

2. 测验方法的标准化

标准化测验的实施由主测机构统一设计、统一要求,严令每一个测验者和工作人员都必须严格执行。统一要求包括测试的时间、场地、条件、测试要求,以及如何处理偶发事件、如何填写答案等。标准化测验是一个系统化、科学化、规范化的施测和评定过程。

3. 评分计分的标准化

标准化测验的试题多数是客观性试题,这些题的正确答案明确,受测者回答非对即错,测试者评分比较客观,一般不会出现误评的现象。对于主观性试题,标准答案也有比较具体的回答要点和评分标准。在正式评分之前,要组织测评者试评,让大家掌握要领,统一标准之后才正式进行评定。在评定之后,还组织专人进行复查,以避免标准不一。对于测试的合分等容易出错的步骤,组织者应组织专人进行。在测试过程中,大多数测验的计分规则都是客观的,不需要对受测者的回答作任何主观解释。但是,也有部分项目的计分要求测试者作出判断,这种测验就要求测试者必须在记分纸上写下受测者的答案,待测验过后进行评分,以保证计分的准确性。按着计分规则所得的每一个测验的分数叫原始分数。测试者应该将这些分数登入记分纸封面上相应的原始分栏内。原始分数汇总后经过统计加工,才能求出量表分数。

4. 分数解释的标准化

标准化测验由于具有统一的参照标准,测验的原始分数可以转换成标准分数,这比原始分数要科学、合理得多。这使得不同测试的分数具有可比性,能更准确地反映受测者在某一总体中的位次,以便弄清楚学前儿童在某一特定的领域里的优势和弱点。

二、标准化测验的实施

(一)量表的选择

1. 量表功能与研究目的、研究内容的适配性

测验是进行科学研究和解决实际问题的一个工具。因此,选择何种量表,应慎重考虑。测验选择的量表首先必须符合测验的目的。由于每一个测验都有其特殊的用途和使用范围,所以主测者首先应当对各种测验量表的功用、特长及优缺点有一个了解。此外,不同的研究目的要选用不同的测验,而且不能只是根据测验量表的名称盲目选择,必须了解该测验量表的真正适用范围和功效,否则就会造成测验量表使用不得当的情况。

2. 量表的标准化程度

每一种测验都有其特殊功能,因此对受测者采取何种测验,应慎重考虑。在选择测验时应了解量表的信度和效度。因为要想对测验分数做出确切的解释,只有常模资料是不够的,还必须有测验量表的信度和效度资料。没有效度证据的常模资料,只能告诉我们一个人在一个常模团体的相对等级,不能做出预测或更多的解释,这个测验也就无价值可言。

3. 测验的形式要适用于特定的研究对象

测验要和受测者匹配,要注意测验的适用年龄段、施测方式等。例如,对幼儿进行测试和对成人进行测试时,根据年龄特点的不同,所采用的测验形式也应该有所区别,这样才能保证测验的准确性。

(二)测验准备

1. 掌握测验的基本知识技能,熟悉量表

标准化测验要求由经过专门培训的施测人员来进行测量和解释工作。这些人员需具备的基本知识和技能包括:能对测验的信度、效度及测验是否可靠

等问题做出判断;能正确解释测验分数,精确描述测验分数包含的信息;能识别测验和测验分数的不恰当之处,并给出说明或解释;明白不同的测验,在施测、计分和解释上需要不同的能力;防止所实施的测验超出自己的能力范围;能在与测验标准化相当的条件下实施测评;在测验结果的解释上接受过一定的训练;等等。另外,施测人员还要熟悉量表内容。

2. 准备测验要使用的材料和场所

要准备好准确的计时器,所有受测者都能看到的壁钟或其他指示时间信息的工具,这样会在小组测验中帮助受测者确定进行的速度。为使受测者在测验中保持最佳状态,在测验房间门上挂上写有“正在测验,请勿打扰”的牌子能防止许多意外干扰。应尽可能减少外面的公共演说、电话、上课铃声及其他噪音的干扰。受测者应有充裕的作业空间、舒适的坐椅、平滑的桌子。施测时,一般情况下,室内除主测者和受测者外不得有第三者在场。必要时,可加主测者助理一人。测验房间要有足够的亮度,良好的通风,适宜的温度。如是个别测验,应检查完整的问卷或器材一共有多少,是否完整,有仪器时应经常进行检查和校验,保证其良好的工作状态。如是团体测验,则所有的测验本、答卷纸、铅笔和其他测验材料都需在测验前清点、检查和摆放好,以免忙中出乱。

3. 做好测验约定

事先应当通知受测者,保证受测者确切知道测验的时间、地点、内容范围,以及测验题的类型等,使受测者对测验有充分的准备,及时调整自己的情绪和生理状态,有时还要通知他们的父母。心理测验一般不搞突然袭击,突然袭击会使受测者的智力、体力和情绪处于混乱状态,不利于接受测验。

(三)实施测验

测验的实施是保证测验有效性的重要环节之一,主测者要尽可能地使受测者在相似的情境中接受测验,减少无关因素对测验结果的影响,尽量控制测验误差,提高测验的效度。因此,测验的实施要考虑以下几个方面。

主测者要具备专门的知识,包括为实施测验所进行的特殊训练(或证明)。如果测验有几方面的用途,要考虑不同的用途有不同的要求,应该详细说明每一项用途所需要的专门知识水平。

主测者对所要实施的测验的施测指导要足够详细,以便在不同的测验条件下使用。主测者要掌握有关时间限制、对受测者的口头指导、对材料分配的建议以及如何回答受测者的问题等指导说明。如果受测者不是因为缺乏有关测验内容方面的知识,而是因为施测指导太差而导致失败,那么,根据测验得出的推论的合理性就会遭到破坏。

主测者要保证有实施测验所必需的适当数量和种类的材料。在测验前主测者要对测验和测验材料保密。如果受测者在测验前就知道了测验内容、测验材料或测验条件,他就会获得那些不了解情况的同伴所不能得到的信息,这就不公平了。因此,测验前的保密是十分重要的。在测验的前后,对测验材料进行认真细心的记数、核对、分配、收集,这样大大有助于保证测验的保密性。

指导说明要慢慢地读,声音要清楚,要准确地利用测验设计者提供的语句。主测者应告诉受测者怎样对测验的问题做出反应而不是反应什么。在各种场合下主测者的面部表情、声调等要保持温和而不做任何暗示,不给受测者提供赞许或否定的信息,以免产生期待效应。

单独的答案纸或其他操作材料的使用规定应对受测者解释清楚。受测者应该知道怎样和在哪里写答案,对年幼的儿童更应详细解释。使用答案纸可以使评分方便、迅速。因此,受测者必须知道如何正确地使用它们,这样主测者才能得出准确而有效的数据。一般来说,6 岁或 7 岁以下的儿童不宜使用答案纸。

测验实施时主测者对受测者的情感因素应予以关注。在理想情况下,主测者应与受测者建立密切关系,减少他们的忧虑,回答受测者的问题应该不带蔑视、讥讽和不耐烦的口气。主测者对受测者的情感变化要反应灵敏并采取措施来引导出受测者的最佳表现。

主测者要掌握评分标准,在测验实施和评分中,特别是在使用答案比较灵活的试题时,要充分而准确地说明测验的条件,力求受测者的测验得分能反映出他在有关方面的实际水平,要避免不良的施测条件或不准确的评分导致的错误结果。

总而言之,对受测者表现的正确推断和在不同测验条件下受测者之间公正的比较应以测验实施的标准化条件为依据。如果在测验实施过程中时间限制、指导说明和评分程序等允许有很大变动,那么就失去了使所有受测者相互比较的共同而公正的基础。正因如此,标准化测验的实施才尤为重要。

(四)得出结论,作出解释

不管是心理测验还是平时考试,我们都希望评分是客观、公正的,因此评分或记分的标准化是重要的一步。为使评分尽可能客观,主测者要及时而清楚地记录受测者反应情况,特别是在进行口试和操作测验时,必要时可以录音和录像。要有一张标准答案或正确反应的表格,即记分键。评分者将每一个人的反应与评分说明书上所提供的样例相比较,然后按最接近的答案样例给分。评分后还要进行合成计算,即将各题目分数合成分测验分数,再将分测验分数合成测验总分数。为了使测验分数具有意义,使不同的原始分数可以进行比较,要对它们进行适当的转化处理或者与参照标准加以对照。经过处理和对照得来的分数就是导出分数,如百分位数、标准分数等都是导出分数。测验编制者提供的常模表就是原始分数的转化表,我们在使用时,只要根据常模样本的某些特征,找出受测者的原始分数对应的导出分数,就可以对测验的分数作出有意义的解释。

幼儿教师在使用测验量表时应该明确,标准化测验作为一项工具,只有和其他工具一起运用,才能对教育教学进行准确的评价。

第三节　自编测验及其实施

标准化测验的质量高、误差小,是理想的测量形式。但是其编制的成本高、缺乏灵活性、测量范围有限、测量工具的数量少,不能满足学前教育研究的需要,基于此研究者可以根据教育教学的实践和研究的需要自行开发测量工具。如可以开发幼儿绘画能力、音乐能力等学习倾向的自编测验,帮助教师更加准确地掌握幼儿的状况,以满足学前儿童发展需要。

一、自编测验概述

(一)自编测验的含义

自编测验,也叫非标准化测验。自编测验是教育者根据教学的需要,仿照标准化测验的试卷形式,自行设计、编制的测验,主要应用于本校、本园或本班。自编测验时,教师必须明确评定的标准和一般的步骤,尤其要善于选择适当的评定方式。教学中应该选用最能充分测量出教学目标实现程度的试题形式。常用的测验,从方式上看有两大类:论文式测验和客观式测验。它们各有利弊,应扬长避短,以实现学习评定的全面和公平。

1. 论文式测验

论文式测验也可以称为主观式测验,是由测验者命题,由被测对象作答的测验。按韦特曼的分析,论文式试题包括:何事、何人、何地、列举、概述、描写、对比、比较、说明、讨论、发挥、总结、评价等方面,一般统称论述题。例如,园长以“试论幼儿教师应具备的素质”“不同性别的幼儿在身心发展方面有何异同”等题目来考查评价教师。论文式测验可以测定高度复杂的理解力、判断力,可以考察整个学习过程的效果,以及价值观、态度、鉴赏等评价目标。

其优点是:第一,能测量受测者的组织、创思与表达等高级心理能力;第二,命题容易,省时省事;第三,能促使学习方法向理解、探究和把握知识整体方向上发展。其缺点是:第一,评分时评价者缺乏客观性,往往前后不一致,但这也是在所难免的,因为即使是专家们的评分也很难一致;第二,试题取样不够广泛,覆盖面小,而且答卷与评卷也很费时间,不能由其他人或机器来代替评价者的评分。

2. 客观式测验

客观式测验是相对主观式测验而言的,客观性测验来源于标准化测验,是由教师依据测定评价目标,列出题目请受测者判断对错、选择、填空、排序等,根据受测者的回答来评价其知识或某方面能力。客观式测验就性质而言,有学习成就测验、能力倾向测验和人格测验;就作用而言,有诊断性测验、形成性测验和终结性测验;就材料而言,有纸笔测验和操作测验;就对象而言,有个别测验和团体测验。在教师自编的学习成就测验中,常用的题型有填充题、简答题、对错题、选择题、配对题等,它们各有优缺点。

客观式测验的优点:首先,试题取样较广,代表性强,效度较高;其次,可以在规定时间内完成试题答案,适用于被测对象人数较多的情况;最后,评分容易而且客观性强,也可由其他人或机器代替主测者的工作。其最大的缺点是不如论文式测验那样能测量受测者组织、创思等高级思考能力。另外，命题上费时多，增加主测者的负担，正确答案只有一个，不利于培养求异思维。

（二）自编测验的优点

1. 针对性强

自编测验是根据需要编制的，专门为测量研究对象的某种心理特征或品质而设计，因此其有很强的针对性。

2. 灵活性高

研究者可以根据需要及受测者的文化、年龄等背景来自行编制测验题目或修订已有的测量工具，来增强测验的适应性和灵活性。如果测验编制的科学合理，测量者施测规范，就可以获得较好的测量结果。

3. 操作简单方便

自编测验的内容、方法一般都比较简单，只要符合研究目的，可以适当地简化测验的过程，使测验便于操作实施。

（三）自编测验的缺点

1. 缺乏客观性

自编测验不像标准化测验通过严格的编制程序进行制作，而且也没有数量庞大的受测样本进行测试，没有测验编制参数（难度、区分度、信度、效度）的检验，因此自编测验的科学性往往会受到质疑，进而导致研究结果的认可度大打折扣。

2. 适用范围受限

自编测验一般是针对特殊对象的心理特征进行测量，因此其使用的范围有很强的局限性，若用于测量其他对象则要慎重。如研究者为研究某城市学前儿童人格的发展编制的《幼儿人格发展问卷》，不能直接用于农村学前儿童人格的测量研究，因为城市学前儿童和农村的学前儿童在生活背景、文化教育等方面有很大的差异，这些会影响测验的结果，如若使用，必须对该测验进行重新修订。

二、自编测验的编制步骤

自编测验和标准化测验的编制程序基本一致，只是自编测验在编制要求上没有那么严格。自编测验的编制步骤如下。

（一）确定测验目的

编制测验时，研究者要对研究需要进行分析，明确研究对象、研究内容和研究用途。研究用途不同，测验的编制要求也略有不同。如果测验是为了描述幼儿的心理发展特点，获得详细的资料，测验编制时酒要注重测验内容的全面性、测验方法的多样性和评分标准的客观性。如果是为了选拔和鉴别，则需要测验具有一定的难度，能对不同心理水平的儿童进行区分。

（二）制订编制计划

编制计划是对编制目的进一步具体化，其主要的工作任务是：首先，对测验的内容进行分析，就是要明确所要测量的内容具体分为哪几部分，每种心理品质的常见反应有哪些；其次，确定测验项目，就是确定测验从哪几个方面进行、包括哪些项目、每个项目在测验中的重要程度，以确保测验题目完整、全面，计分方便。

（三）编选测试题目，设计测试方法

编选测验项目是一个不断反复的过程，包括初选、编辑、预测和修改等。在这个过程中，编制者对测验项目要进行反复的修改，包括删改意思不明确的词语，删除一些重复和不适当的项目，增加有用的项目等。最后将初步选定的题目汇总起来形成一个预备测验。

编选测验项目的指标有三个。一是测验的性质，即要选择那些能够测量所需要的特质的项目。例如，想要测量的是观察能力，就不能选择测量阅读能力或者记忆能力的项目。二是项目的区分度。一般情况下，项目的区分度越高越好，这条标准尤其适用于选拔性的测验，但在有些情况下也会保留一些重要的

但区分度不太高的项目。三是项目的难度。项目的难度并无固定的标准,要根据测验的目的而定。例如,选拔性测验的难度要大些,而人格测验可以不要求难度。最好的就是只测定所需要的特质,并能对该特质加以有效区分且难度合适的项目。

在编写题目时有一些值得注意的地方:题目的范围应与编题计划相一致;题目的取样应具有代表性;题目的难度要符合测验目的;题目的数量要达到最终所需数目的一倍甚至几倍,以有利于筛选和编制复本;题目编写时的用语要简洁明了、通俗易懂;题目的说明必须简明扼要、意思清楚。

编选测试题目后,就要设计测试方法。为了使测量结果准确可靠,必须将测验的使用标准化,具体包括统一的施测指导、评分方法以及解释测验分数所要参照的常模或标准等。

(四)预测与分析

测验项目确定后,虽然测验编制者认为测验在内容和形式上都符合要求,但是否真正有效,并不能凭测验编制者的主观臆测来决定,还需要通过预测进行项目分析,以获得筛选项目的客观依据。

预测就是将初步筛选出的项目结合成一种或几种预备测验,施测于一组受测者,获得受测者对项目的反应情形,在此基础上得知项目性能的优劣。预测一方面可了解项目本身可能存在的缺陷,如某些项目意义不清、容易引起歧义等;另一方面通过对项目的统计分析,也可获得关于项目优劣的数量指标,如难度、区分度、备选答案的适宜性等,以此作为进一步筛选项目和编制出符合要求的正式测验的客观依据。预测时应注意受测者应与将来正式测验所要测量的群体一致;预测的指导语、环境以及具体的施测程序应力求与将来正式测验时的情况相近;应对受测者的反应情形随时加以记录。预测的时限不必严格遵守正式测验的要求,可以稍微放宽一些,力求每个受测者都能做完所有题目,这样可以更充分、全面地收集受测者反应的资料,使项目分析的结果更为可靠。

在编制标准测验的过程中,由于预测时受测者取样可能存在一定误差,所以仅凭一次预测结果所作的项目分析未必完全可靠,因此往往需要进行二次预测,并对结果进行分析,看两次分析结果是否一致。如果某个题目前后两次预测的差距较小,则该题的性能较好。

（五）合成试题，鉴定测验

预测之后，就要把经过预测以后证明有价值的项目挑选出来，按照某种方式加以编排，即合成测验。编排试题的总体原则是由易到难，这样可以使受测者较快熟悉作答程序，树立信心，消除紧张情绪，顺利进入测验情境，也可以避免受测者在前面的难题上耽搁过多的时间，而影响对后面问题的回答。在测验的最后部分可安排少数难度较大的题目，以测出受测者的最高水平。

常用的测验项目排列方式有两种。一是并列直进式，如韦克斯勒儿童智力量表。此法是将整个测验按项目材料的同质性分为若干个分测验，对于同一个分测验的项目，则依其难度由易到难排列。二是混合螺旋式，如比内—西蒙智力量表。这种方法是先将不同性质的测验项目按照难度分成若干不同的层次，再将各类项目予以组合，做交叉式的排列，项目难度逐渐增加。这种排列方法的优点是，受测者对各种不同性质的测验项目循序作答，从而维持作答的兴趣，不会觉得枯燥。

编排好测验后，需要进一步进行鉴定测验，主要是围绕信度和效度两方面收集相关的资料，以确定测验的可靠性和有效性，从而检验编排好的测验是否可用。

思考与练习

1. 查找一篇用测验法进行学前教育研究的论文，并认真阅读分析研究者是如何施测和进行研究的。

2. 根据自编测试的设计步骤，设计一份学前教育研究的测验题目。

第八章 行动研究法

学习目标

1. 理解行动研究法的含义。
2. 了解行动研究法的不同类型。
3. 掌握行动研究法的实施步骤。
4. 掌握行动研究报告的撰写方法。

第一节 行动研究法概述

20世纪70年代以来,教育界就教育理论与教育实践的关系、研究者与教师的关系等内容进行了不断的争论和研讨,“教师即研究者”“反思性教学”“行动研究”等概念越来越多地出现在各种教育理论文献中。这些概念体现了这样一个理念:作为实践者的教师,应该为自己的实践活动寻求一种理性,结束长期以来凭借个人经验从事自己事业的“教书匠”形象,积极主动地树立“教师即研究者”的新形象。行动研究正是在这样的理念下在教育领域兴起,为教师参与教育科研提供了理论基础和方法条件。

一、行动研究的含义

行动研究是一种适合于广大教育工作者的研究方法,它既是一种方法技术，也是一种新的科研理念、研究类型。教育研究可以从许多不同的角度进行分类，以研究目的和研究者为变量，教育研究可分为两大类。第一类是以科学的方法研究别人的问题，研究者通常是大学教师、研究机构的科研人员，其研究目的在于建立较普遍的原理、原则。第二类是以科学的方法研究自己的问题，研究者通常是学校教育实际工作者，包括教师和行政人员，其研究目的在于此时此地的应用，而不是理论的建立和发展。对这两类不同性质的活动，西方社会科学工作者分别以“研究”和“行动”的概念来对其进行表述。到了20世纪30年代，人们开始把“行动”和“研究”结合起来，将其表述为“行动研究”。

前哥伦比亚大学师范学院院长考瑞把行动研究法介绍到教育界，1953年在《以行动研究改进学校措施》一书中指出：“所有教育上的研究工作，经由应用研究成果的人来担任，其研究结果才不致白费。同时，只有教师、学生、辅导人员、行政人员以及家长等支持者不断检讨学校措施，才能使学校适应现代生活的要求。故上述人员必须以个别或集体形式，采取积极的态度，发挥创造性思维，提出合适措施，并勇敢地加以试验；且须讲求研究方法，有系统地搜集资料，以确定新措施的价值。这种方法就是行动研究法。”

归纳起来，“行动研究”有以下两层含义：

第一，行动研究的实践性强，是一种应用性研究。它面向实际，服务于实际，始于问题的发现，终于问题的解决。在此过程中，研究者一边研究，一边行动，在行动中研究，在研究中提高。它以问题是否解决，工作质量有无改进、改进多少等实效作为成功与否的价值判断依据。

第二，行动研究的兼容性强，是一种综合性研究。研究者可以根据研究问题的性质和研究过程的需要，借用多种教育科研方法，如观察法、调查法、测验法、教育实验法等。

二、行动研究的特征

(一)研究的目的——以解决学前教育中的实际问题为主

在学前教育领域中，行动研究关注的不是纯粹的理论或学术问题，而是教育决策者、幼儿园园长、幼儿教师们日常遇到和亟待解决的实践问题。所以，行动研究不能局限于某一学科的主张或某一种理论知识，而应主动容纳和利用各种有利于解决实际问题和提高行动质量的经验、知识、方法、技术和理论,特别要重视幼儿园教师和园长等实践工作者对实践问题的认识、感受和经验。因此可以说,行动研究是为了行动而研究,它以解决学前教育实际问题为主要任务,为学前教育实践本身的改善而展开研究,不是为了建构或者论证理论。行动研究强调研究的应用价值性,旨在通过行动与研究的结合,改善研究者的工作情境,解决教育教学实践中遇到的实际问题。

(二)研究的情境——当事人实践工作的情境

学前教育研究旨在解决幼儿园教师实际工作情境中所遇到的各种问题,它以幼儿园教师及幼儿园管理者的实践情境为研究依据。学前教育行动研究适用的范围较小,与行动研究者工作无关之情境通常不在行动研究的研究范围之内。由于每位教师所处园所、任教班级及面临的学生、家长不同,使用的教材、采取的教学方法和手段也不同,这使得行动研究的情境有其独特性,不宜做情境推论,研究结果无法类推至其他的实践情境。

(三)研究的主体——实践工作者

在学前教育领域中,幼儿教师一般是被研究者,是研究的客体和对象。而在行动研究中,幼儿教师成了研究的主体,不是被动地接受专家学者的研究成果,而是对自己所从事的学前教育教学实践进行研究,通过研究与行动的密切配合,提高自身的专业能力,改进教育实践。

(四)研究的过程——重视协同合作

由于受到个人专业素养、研究水平、研究技术等方面的限制,幼儿园一线教师单独进行研究往往会遇到很多困难。因此,行动研究更强调团体成员间的协同合作。这是一种成员间彼此平等的协同合作研究,而不是发号施令的高压强迫研究。要达成此目标,需要幼儿教师与其他专家学者或同一幼儿园的教师共同来参与研究。一线幼儿教师最了解问题的实质,而外来的专家则能够给予其专业的支持与客观的评价。在幼儿园中,不论是教师还是行政人员,他们虽然都拥有丰富的实践性知识,但对于行动研究的基本理论与操作技巧却可能知之甚少。因此,在开展行动研究时,如果有专家学者从旁协助指导,研究工作的效率就会大大提高。而专家学者也可以通过与幼儿教师的合作,从真实的教育情境中获得第一手资料,使自己的研究成果更具有针对性和适切性。不过,幼儿教师仍然是主要的研究者,专家只扮演咨询顾问的角色。

(五)问题的解决——即时应用性

行动研究注重研究单一、个别的教育问题,重视研究结果的应用性。幼儿教师通过行动研究可有效解决教育问题,改善教育工作情境,提高教育质量。这一方法重视的是研究的实用价值,强调研究结果的即时应用性,而不是学术理论的验证或建立。

(六)研究的效益——解决问题,促进教师的专业发展

解决教育教学实践中的问题是教育行动研究的宗旨和出发点。行动研究鼓励幼儿教师扮演研究者的角色,从事教育教学研究,从中发现问题,并通过反思探究提出解决问题的行动方案。在行动研究的过程中,教师不但需要掌握一定的研究技能,还需要在实践中提出问题,设计研究方案。同时,教师应具备良好的应变能力,能根据情境的变化对行动进行诊断、修改和调整。在此过程中,教师的教育研究能力、交往合作能力、反思与批判能力等都能得到不同程度的提升。所以,行动研究的过程不仅是解决问题的过程,同时也是教师在职训练的过程,有利于促进教师专业技能的发展。

(七)研究的方法——质量结合,以质为主

在行动研究过程中,量或质的研究方法均可采用,但多数情况下,还是以质的研究方法为主。无论采用何种方法,都要确保收集的资料客观真实,要确保研究的科学性和可靠性。

三、行动研究在学前教育研究中的意义

(一)幼儿教育特殊性的需要

首先,幼儿在身心发展方面尚未成熟,其语言表达、行动和思维能力都十分有限。在学前教育研究中,幼儿的这些特点,限制了一些科学研究方法的运用,如问卷法、实验法、测验法都很难有效发挥作用,而行动研究则能较好地突破这

些限制,发挥其独特作用。其次,学前教育的具体问题错综复杂,幼儿的教育与幼儿园教师、家长密切相关,学前教育需要多方的通力合作;同时,游戏是幼儿园最基本的活动,幼儿园的教育教学大多以游戏活动的方式展开。因此,学前教育实践问题通常表现出很强的过程性、情境性和实践性,而行动研究法能够更好地研究这些问题。

(二)促进幼儿教师专业化发展

行动研究是公认的能够促进幼儿教师专业化发展的有效途径。行动研究作为一种综合性、反思性的研究,能够使教师在行动研究的过程中,通过发现问题、收集资料、撰写日记、撰写案例、与专业研究人员合作等途径,进行不断的探索、分析、总结和反思,从而提升自身的专业能力。幼儿教师在教育的过程中研究,在研究中成长,又在成长中研究。

(三)促进幼儿身心发展

学前教育行动研究的研究问题源于学前教育的具体问题,行动研究的过程就是探索幼儿教育的过程。行动研究通过研究学前教育的具体问题,解决学前教育中的实际问题,改进学前教育方式方法,提升学前教育质量,最终促进幼儿身心发展。在行动研究的过程中,行动者通过观察、记录、总结、反思和科学分析,能够尽可能地关注问题情境中每个幼儿的成长。这一方面提升了教师的专业化水平,另一方面也让行动者(教师)更深入地了解幼儿,理解学前教育,从而提升学前教育质量。

第二节　行动研究的实施

一、行动研究实施的基本步骤

(一)发现问题

行动研究始于行动者本人对教育实践问题的敏感和持续关注。对教育实践问题的敏感和持续关注意味着:把教育实践中的问题提升为研究的课题,并围绕研究的课题展开真实的行动。幼儿教师应该在日常工作中养成积累问题的习惯,使之成为自己日常工作的一部分,而不是迫于外部压力,突击寻找问题。只有平时做好问题积累,才能为日后的研究打好经验基础,才能激发出自己的研究灵感,找到好的研究选题。幼儿教师在日常工作中勤记"教历"、写教学反思日记、与同行交流研讨等都是比较好的积累问题的方法。对于已经发现的问题,要通过认真分析这一问题是否急需解决、是否具有研究价值来对其进行进一步筛选。一般情况下,适宜作为研究课题的问题基本符合以下标准:

第一,解决这个问题对本人工作的改进具有重大意义;

第二,解决这个问题对学前儿童的发展具有重大意义;

第三,解决这个问题可带来较多的进一步研究的机会;

第四,这个问题是幼儿教师愿意努力探究并加以解决的问题;

第五,所处环境中的制约因素不致影响该问题的解决。

(二)进行初步的文献检索与讨论

幼儿教师在发现教学实践中的问题以后,应广泛查阅并收集相关资料,与相关人员进行讨论,以求对问题的本质形成一定了解,基本步骤包括:第一,查找,即检索、收集文献;第二,阅读,即对所收集的文献进行有比较、有分析的阅读,以期得到与该问题相关的有价值的信息和资料;第三,讨论,即与相关人员进行深入的讨论;第四,叙述,即对已获得的有价值的信息、资料进行较为全面和系统的叙述。

(三)确定行动研究的焦点问题

经过初步的文献讨论以后,幼儿教师应确定出研究的重要因素、对象及关键人物,设法界定研究问题的焦点所在,并讨论主要的研究目的。问题焦点至少应该符合以下两个条件:第一,这个焦点能够明确地指向实践,其研究结果必然能对某种教育实践起到明显作用;第二,这个焦点必须足够集中,是所要解决的问题无法避开的关键之处。

(四)拟订行动研究计划

拟订行动研究的计划,也就是根据文献的讨论及问题焦点的确定,规划选择研究的目的、方法、工具、程序,确定样本及资料的处理方法,最终形成一种行动策略构想。行动计划应当能够为幼儿教师提供比较详细的研究步骤,以确保整个研究的有序开展,同时为研究的结果评价提供可供参考的框架。具体来说,研究计划应包括以下几个方面的内容。

1. 课题名称

课题名称应该能够准确地反映出研究的范围、对象、内容、方法,以及变量之间的关系。课题名称不宜烦琐,应该简洁明了。

2. 研究的目的与意义

对开展此项研究的背景、原因以及该课题的实践意义等加以阐述。

3. 问题与假设

明确研究所要解决的核心问题,并将其细化为具体的子问题,以便于幼儿教师有针对性地设计解决这些问题的具体行动方案,这个过程也是形成行动假设的过程。

4. 研究对象与变量

行动研究的对象可以是单个的幼儿或教师,也可以是整个班、整个幼儿园的幼儿或教师。对行动研究对象的描述,只需要概括地陈述对象的范围、数量、背景即可。此外,还要明确行动研究中的变量,它涉及研究者对研究问题的基本认识和具体定位。

5. 研究方法

对行动研究过程中采用的收集资料、分析资料的方法加以阐述,如观察法、访谈法、问卷法、实验法等。

6. 研究进度

要制定总的研究进度表,以保证行动研究能够有条不紊地顺利开展。考虑到行动研究对实践性和时效性的要求较高,研究者最好从时间的角度规划各个项目完成的期限。

7. **研究人员及分工**

如果行动研究是由多名幼儿教师合作或是幼儿教师与专家学者合作开展的,那么在计划中除了标明每名研究成员的基本情况外,还需要对每名研究成员所要承担的项目做出具体分工。

8. **成果形式**

一方面,应提出研究的预期成果及其表现形式,如论文或研究报告等。另一方面,应说明研究成果可能产生的实践效果。

(五)实施计划

行动计划中的行动策略仅是一种理论假设,它是否符合实际、是否能够达到预期效果,还需要幼儿教师将其应用到教学实践中,对其实际效果进行检验。在实施方案的环节中,幼儿教师要随时检视方案实施效果,以及时修正计划和改进行动方案。如果有合作人员,要与协同研究者随时沟通,以获取支持和指导。在行动研究的过程中,幼儿教师要熟悉计划,做好各种准备工作,如确定行动步骤、核实资料、检查资源设备等,确保人、财、物就位。同时,还要密切关注实际情况的变化,根据实际情况做出准确判断。

(六)反思与评估

反思是在行动和观察之后做出的,它的目的在于评估幼儿教师行动或实践的合理性。反思包括:整理和描述,即对观察到的、感受到的与制订计划、实施计划有关的现象加以归纳整理,描述出行动研究的过程和结果;评价解释,即对行动研究的过程和结果进行评判,对有关现象和原因做出解释和分析,找出计划与结果之间的不一致之处,从而确定原来的研究问题、研究计划和下一步的计划是否需要修正。

二、行动研究的评价

行动研究中的研究与行动是相互渗透的,研究的过程就是一个行动的过程。在行动研究中,专业研究者和实践工作者共同努力去建构知识、检验知识,

解决令他们感到困惑棘手的实际问题。对这样一个研究工作进行评价,通常可以从以下几个方面进行考虑:

第一,研究是否真的有利于发展和改善当前的学前教育现实,是否真正解决了实际的问题或者为解决问题提供了合理有效的思路。

第二,研究是否确实达到了将学前教育实践者带入并主导研究的状态,是否真正引发了他们把自己作为研究者而非被动研究者的兴趣,是否真正提高了他们自己从事研究的自信与勇气。

第三,研究是否符合伦理道德方面的要求,整个研究的设计和资料收集的方法是否得当,研究者对研究计划的调整与改变是否及时合理。

第四,研究是否帮助研究者建构起了新的知识,是否加深了他们对学前教育实践的了解、提升了他们解决问题的能力,是否让他们亲身体验到了民主和谐的工作氛围。

第三节　行动研究报告的撰写

一、行动研究报告撰写的一般格式

学前教育行动研究的出发点不是将结果扩大化,以求在更大的范围推广,而是为了解决现实教育中所遇到的实际问题。所以,行动研究报告和学术研究报告有所不同,它的最大效能是经验分享。行动研究的报告必须依照研究的内容,以最清楚易懂的方式呈现,让其他教师看了之后,能够立即明了研究的方法与结果,并能有所学习和借鉴。一般行动研究报告的结构由以下三部分组成:标题部分(题目、署名、摘要、关键词、绪论或前言)、正文部分(研究问题、对策与方案、实施过程、结论与建议)、结尾部分(参考文献、注释、附录)。

(一)标题部分

题目和署名。在行动研究报告的题目中一般可以标明“行动研究”,亦可以不标明。题目总体要求简练、概括、明确,不宜超过20个字,应尽量使用学术性的语言。如果题目语意未尽,可用副标题补充说明。署名应署真实的姓名和单位。如果是集体成果,可署集体名或课题组名称。

摘要和关键词。摘要是整个研究报告内容的梗概,一般涉及研究问题、研究方法、研究结果、研究结论等,可以独立使用,字数在 200 字左右。关键词是能表示全文主题内容的重要词语,是文章的核心概念,一般为 3—8 个词。如果有需要的话,还可以把这两部分内容译成英文。

标题、署名、摘要、关键词是一篇规范的研究报告应该具备的内容。幼儿教师在撰写行动研究报告时也应特别注意要有摘要和关键词,这样更能体现出报告的严谨性和科学性。

在题目部分,除了以上所提及的四项内容外,还可以设置其他几项内容:序或前言——一般是作者对研究主旨、动机、经过等内容的简介;目录——将研究报告的章节标题用页码排序,以显示文章的纲目结构;致谢——对研究过程中给予资助、支持、帮助的人员表示感谢。这三项内容的使用与否可根据研究者个人实际写作的需要而定。

(二)正文部分

正文是报告的主体部分。写作时,可以先列出一些小标题,然后按小标题起草报告。行动研究报告的字数一般是 3000—5000 字,典型行动研究报告正文部分的内容应大致包括以下几个方面。

1. 研究方法与行动方案

在行动研究中,研究方法与行动方案可以在报告中同时介绍。一般先介绍研究对象和研究方法,然后详述具体的行动方案。

(1)研究对象。研究者可以对研究对象进行充分的描述,包括学生的个人情况(性别、年龄等),幼儿与教师、同伴、家长的关系等。可以采用文字描述的形式,也可以采用表格形式来描述研究对象;或者采用二者结合的形式,以表格为主,将表格中无法呈现的内容通过叙述的方式进行补充说明。总的来说,应力求语言简洁、条理清楚。

(2)研究方法。研究方法是指研究者在行动研究过程中所需要使用的搜集资料和分析资料的方法。行动研究的研究方法主要有问卷法、实验法、访谈法、观察法等。根据研究的需要,研究者既可以使用一种研究方法,也可以采用多种方法综合应用的形式,而后者在行动研究中更为常见。

(3)行动方案。行动方案是未来行动的“蓝图”,为研究者提供了比较详细的研究步骤,有力地确保了整个行动的有效开展。行动方案的制定通常要考虑总体原则、研究目标,以及行动的时间、内容、具体做法、数据搜集和数据分析的方式等。研究者应清楚描述行动方案的各个步骤,并说明采用这些行动措施的理由,可以用文字描述,也可以采用表格形式来表述。通常来讲,表格的呈现更为清晰明了。例如,可以设计一个“行动方案时间表”,以下面某个关于学前儿童词汇学习的行动方案举例说明,见表 8 - 1。

表 8 - 1　行动方案举例

时间	教学内容	研究内容	数据搜集方式、目的
2017 年 10 月	模块 1	了解情况,确立课题	调查问卷,了解起始状况
2017 年 10 月—12 月	模块 2	词汇的记忆方法和基础词汇量的积累	课堂观察,验证效果,及时调整
2017 年 12 月—2018 年 1 月	阶段小结	阶段小结,调整方案	根据具体情况做随机问卷调查,为下一步研究提供依据
2018 年 3 月—4 月	模块 3	巩固有效做法,适当提高能力要求	课堂观察,了解幼儿对词汇的理解程度
2018 年 4 月—6 月	模块 4	词汇的相关性和分类记忆	部分学生访谈法,了解幼儿学习前后的变化
2018 年 9 月—12 月	模块 5	词汇的意义、应用和适当扩充	笔者总结,为报告提供准确信息
2019 年 1 月	阶段总结	撰写研究报告	

2. 研究过程

研究过程是指研究者对行动研究的过程进行记录、描写、阐释和反思,在行动研究报告中,这是非常重要的一个部分,是记录和展现整个研究内容、过程及结果的重要环节。研究者应根据实施计划表详细叙述行动方案的实施过程、实际效果，对所采取措施的分析和评价，以及在研究过程中所获得的新的认识等。研究者可以依照计划表中的主要措施逐一描述，也可以按实施的时间顺序依次叙述。如果在实施过程中对原计划有所调整和改进，也应在该部分中对其加以论证和说明，如改进后的计划是什么，为什么要做这些调整，实际效果如何。

在行动研究报告的撰写中，也可以将这一部分表述为“研究结果与分析”，即按照研究方案中设计好的效果指标逐项对研究中搜集到的资料、数据进行定性、定量分析，以表明实行的具体措施是有效的。同时，运用教育理论对实行这些措施之所以会取得成效的原因做出解释说明。

这一部分在不同的行动研究报告中有不同的表述方式，研究者可以根据研究的需要灵活选用。有的研究者会根据计划表中的行动措施逐项描述实施过程中的数据结果、效果评估、方案调整，并逐项分析和讨论。也有的研究者会先概括整体的行动实施过程，然后再进行数据的整理与分析，最后单独阐述研究结果。这两种不同的表述方式都是可行的，而无论采用哪一种都需要与研究本身相匹配，最好能以清晰易懂的方式呈现给读者。

3. 结论与建议

在报告的结论部分，研究者应回顾研究的全过程，说明此项研究解决了什么问题，得出了什么结论，发现了什么新问题。同时，研究者也可以从方法设计、数据搜集、研究结论等方面说明研究的局限性，以获得同行和读者的理解。

行动研究尤其重视研究者的反思。反思就是对研究过程中问题的提出、计划的制订、实施的效果等做出客观、全面的评价，对有关现象和原因做出深入的分析和解释，找出计划与结果的不一致处，从而形成关于下一步行动计划是否需要修正、需要哪些修正的判断和构想。因此，研究者应说明通过行动研究所获得的经验和教训，并阐明此项研究对于教学实践以及将来相关研究的启示。如前所述，反思既是行动研究第一个循环的结束，也意味着新的行动研究循环的开始。

（三）结尾部分

研究者应将在报告中引用过的文献在报告末尾加以注明，包括直接引用、间接引用和综合引用的内容。其中，引注书籍内容时应标明作者、书名、出版社、出版年月、页数。引注期刊内容时应标明作者、文章名称、期刊名、期数或卷数、页数。

除参考文献之外，在结尾部分还可以附参考书目，即进行该项研究工作所参考的各种资料的总目录。这是研究者认为有参阅价值，但不便于正文中描述的内容。此外，研究工具如问卷、量表、测验表，重要的统计数据、旁证性资料等都可以作为附录放在结尾部分。

二、行动研究成果的表达形式

行动研究成果的写作，既是幼儿教师参加行动研究过程中和过程后的自我总结，也是让他人了解自己研究的方式；既是一次行动研究的过程的小结，也是新的一次行动研究的开端。行动研究成果主要的表达形式有教育日志、教育叙事、教育案例、教育课例等。

（一）教育日志

1. 教育日志的含义

教育日志是教师将自己教育教学中随时出现的、记忆最深刻的事件（包括问题、经验、体会等）进行总结、分析的定期记录。从本质上讲，教育日志是把反思这一单纯的内省活动外化的一种形式，也是一种搜集资料和分析资料的工具。通过撰写教育日志，教师可以及时、生动地再现教育教学活动中各种欢乐与忧虑的事件，对自己的教育教学活动进行不断的分析、回顾、研究，以改进教育教学活动，提高自身的专业能力。教育日志也称“研究日志”“教学日志”“工作日志”或“教师日志”，其主体部分应该是教师对观察的记录和白描。这些资料通过相关的文本、照片、图片和解释性的评论不断丰富和深化。为确保资料收集的完整性与准确性，教育日志通常需要每天或几天记录一次，至少也要每周记录一次。

2. 教育日志常用的记录形式

一般来说，教育日志常用的记录形式包括备忘录、描述性记录和解释性记录。

（1）备忘录。备忘录是最常见的日志形式，一般是教师通过试着去回忆并写下特定时段的经历来再现教育实践中的生活场景。在备忘录中,通常有比较明显的时间信号提示。需要注意的是:①在一个事件发生后,越早写备忘录越好;②在凭借记忆写备忘录前,不要和任何人讨论,因为那样做有可能影响和修改你的记忆;③最好是依事件发生的先后次序记录;④可在活动过程中利用缩写符号、片语来简记一些重点内容。

(2)描述性记录。描述性记录包含对研究活动的说明,教育事件的描述,个人肖像与特征(如外表、说话与动作的风格)的叙述,对话、手势、声调、面部表情的描写,时间、地点与设备的介绍等。对于参与行动的研究者来说,研究过程中特定的情境和个人的言行是描述的重要内容。在任何描述的段落,细节的深描都比摘要式的记录更重要,典型的事件比一般化的事件更重要,活动的描述比活动的评估更重要。在描述性记录中,教师最好做直接记录并用引号表示,或用独立的一段文字说明情况。即使当时的情景不允许即时记录,也要尽可能在事后的第一时间把记忆中尚比较鲜明的细节、研究对象的话语记录下来。用以描述一个人、一个群体、一个情境的文字与措辞,最能呈现出描述对象的特性,最能反映出隐藏在个体或群体行为背后的态度。因此,要达到最好的效果,教师必须尽可能地精确记录。

(3)解释性记录。解释性记录是记录教师自己在事件发生过程中的感受、理解、思索、推测、创见等。这些记录能为教师在日后重新翻阅时提供启示,或者使其从当时的想法、理解中生成新的理解,又或者从原来的不足中吸取教训,改进当前的教育行为。解释性记录既可以由一个短句或几个短句构成,也可以由一个段落或几个段落组成。通常而言,解释性记录不能单独构成一篇完整的研究日志。

3. 教育日志的撰写

(1)撰写教育日志要重视日常观察的重要性。

(2)对于需要记录的一些重要细节,最好在口袋里准备一个小本子以及时记录。

(3)教育日志的书写要持续。

(4)撰写教育日志要将事件记录与事件分析结合起来,并在形式上保证有一定量的分析。

(5)每一次撰写的教育日志都应包含一些基本的信息:①事件的日期(若书

写日期与事件发生日期不同,则应标明);②脉络性资料,如时间、地点、参与者、研究地点以及其他看起来可能对研究很重要的事情;③简要地用段落、标题、次标题来组织日志结构。

(二)教育叙事

1. 教育叙事的含义

教育叙事,既指教师在研究过程中用叙事方法所作的某些简短的记录,也指教师在研究中采用叙事方法呈现的研究成果。

教育叙事即讲有关教育的故事。它是教育主体叙述教育教学中的真实情境的过程,其实质是一种通过讲述教育故事体悟教育真谛的研究方法。它并不是为了讲故事而讲故事,而是教育主体通过教育叙事展开对现象的思索、对问题的研究,是一个将客观的过程、真实的体验、主观的阐释有机融合,从而发现和揭示教育经验的过程。

教师所写的教育叙事,陈述的是教师在日常生活、课堂教学、教改实践活动中曾经发生或正在发生的事件,也包括教师本人撰写的个人传记、个人经验总结等各类文本。这些“故事”样式的实践记录是具体的、情景性的,活灵活现地描绘出教师的经验世界,是教师心灵成长的轨迹,是教师在教育教学活动中的真情实感。

2. 教育叙事的特点

(1)叙述的故事是已经过去或正在发生的教育事件。教育叙事所报告的内容是实际发生的教育事件,而不是教师的主观想象。它十分重视教师个人的处境和地位,尤其肯定教师的个人生活史和个人生活实践的重要意义。在教育叙事研究中,教师既是说故事的人,也是他们自己故事里或别人故事中的角色。

(2)叙述的故事中包含与事件密切相关的具体人物。教育叙事研究特别关注教师的亲身经历,不仅把教师自己置于事件的场景之中,而且注重对个人行为做出解释和合理说明。

(3)叙述的故事具有一定的情节。教育叙事谈论的是特别的人和特别的冲突、问题或使教育教学生活变得复杂的任何东西,所以它不是记流水账,而是记述有情节、有意义的相对完整的故事。

3. 教育叙事的类型

(1)从叙事的内容来区分,教育叙事主要包括片段叙事、生活叙事和传记叙事:

片段叙事,即对个人教育教学实践中某个印象深刻的片段的叙述,显示事件发生的细节,借以阐明教师对产生良好或者不佳教学效果的反思。

生活叙事,即对教师教育生活故事的叙述,借以显明其中所蕴涵的对教师教育生活的细微关涉。教师日常生活与教师成长、教育状态、教育经历密切相关。

传记叙事,即对教师成长过程乃至教师生涯的整体叙述,借以显明教师生命成长的历程,是对平凡而细致的教师人生的揭示。

(2)从叙事的主题来区分,教育叙事主要包括单主题叙事和多主题整体性叙事:

单主题叙事,即就某一个主题展开个人教育生活的叙事。

多主题整体性叙事,即多个主题综合起来展开个人教育生活的叙事,包括个人家庭生活、日常交往、教学、学习研究以及其他可能对教师个人成长产生重要影响的经历,从中梳理出日常生活各个方面对教师的影响,整合起来构成一个完整的叙述。

(3)从叙事的主体划分,教育叙事包括他传体叙事和自传体叙事:

他传体叙事,即由教师讲叙给他人,通过教师与他人的对话来完成对教师教育生活故事的梳理和提炼。

自传体叙事,即教师对自身教育生活故事的自我梳理与叙述,通过对个人成长或成长的某一方面的梳理,显明这一阶段对教师教育生活的重要性。

4. 教育叙事的撰写

(1)搜集资料。教育叙事的写作离不开丰富的素材和详细的原始记录,而且,在资料的收集与整理过程中,研究者会形成初步的教育叙事报告的思路。与资料搜集密切相关的研究方法通常是观察法、访谈法和问卷法。

(2)把握事件主线。对收集的各种材料进行仔细比较、筛选和辨别,从中发现可用之处,是撰写教育叙事报告的第一步。接下来的一步是根据故事内容安排的需要将材料连贯起来。一个完整的故事应该有一个明确的主题,这个"主题”应体现相关的教育教学理念。它一定产生于某个或一连串教育教学事件,并能够使研究者从中梳理出逻辑线索,而不是某个理论与几个教育教学事例简单的嫁接。

(3)注重事件细节。教育叙事的对象就是教师自己和儿童,所叙之事就是教学事件和生活事件。事件在教育叙事报告中有着极其重要的地位,发挥着不可替代的作用。可以说,教育叙事报告就是由一系列事件和事件细节组成的。因此,撰写教育叙事报告必须时刻注意回到事件本身,用事件来说话,来讲故事。

(4)关注事件的分析阐释。教育叙事的写作以叙述为主,否则,便不能称之为教育叙事。但是,对所叙之事进行分析与解释,在很多情况下又是必不可少的。从研究成果的表达形式来看,教育叙事报告既有对故事细致入微的描述,又有洞悉教育事件的深刻阐释;既要把日常的教育现象详尽地展现在读者面前,为读者创设一种身临其境的感觉,又要解析隐藏在教育现象背后的教育本质,使平凡的教育故事蕴藏不平凡的教育智慧。

(三)教育案例

1. 教育案例的含义

教育案例是包含问题或疑难情绪在内的真实发生的典型事件。案例的写作为教师提供了一个记录自己教育教学经历的机会,可以促使教师更为深刻地认识自己工作中的重点和难点,可以促进教师对自身行为的反思,提升教学工作的专业化水平。案例的分析和交流,为教师之间分享经验、加强沟通提供了一种有效的方式。

教育案例是一个教育情境的故事。在叙述一个故事的同时,人们常常还会发表一些自己的看法,也就是点评。所以,一个好的案例就是一个生动的故事加上精彩的点评。

2. 教育案例的特点

(1)所描述的情境必须发生在行动研究的过程之中。

(2)案例记录的内容需要包含教师在行动过程中的思考、解决疑难问题所采用的方法,以及疑难问题被解决的程度。

3. 教育案例的内容

教育案例的基本内容包括标题、引言、背景、问题、问题的解决、反思与讨论、附录七个方面。

4. 撰写教育案例的基本步骤和要求

撰写教育案例的基本步骤为：首先选择一个或几个典型的案例，对其内容进行分析；然后对案例进行写作形式上的分析；最后把问题归类汇总。

一个好的教育案例应讲述一个故事，把注意力集中在一个中心论题上，突出一个主题。案例描述的是教学生活的现实场景，应使读者有身临其境的感觉。一个好的案例的叙述要完整、具体。案例要把事件置于一个时空框架之中，要能反映教师工作的复杂性，揭示出人物的内心世界。撰写案例时要使理论与实际紧密结合，对案例中描述的事实、提出的问题，要运用教育学、心理学的基本原理加以分析，力求提出解决问题的措施。分析要实在，要有针对性。论述要突出重点，找出案例的主要问题，力求抓住要害。

（四）教育课例

1. 教育课例的含义

教育课例也称教学课例，它展现的是某节课或某些课的教学实际场景。教育课例的表达形式一般为“教学设计 + 教学实录 + 教学反思”。教育课例是课堂教学实录，它是真实纪录教师课堂教学全过程的一种实用文体。作者听了一堂优秀教师的观摩课，听后感触较深，认为这堂课较好地体现了某一种教育教学思想，有总结推广的价值，或者作者自己上了一堂课，对教学改革有了切身的体会，想总结交流一下，于是根据录音、录像或者记录稿，把这堂课的教学过程、方法措施等加以整理，并适当加上评析说明，这就形成了一篇课堂教学的纪实性文章，即课例。课例是教师研究课堂、改进教学、促进专业发展的最佳载体之一。

2. 教育课例的形式

教育课例在实际操作中有着形形色色的变式，但一般都遵循从设计到反思的基本过程，涉及教师研究的各个基本环节。

(1)“教学设计总体思路＋教学情景细致描述＋专题教学反思”。这种形式在介绍教学设计意图的基础上，对教学过程中的详尽场景加以叙述，再现课堂教学全过程，使读者有身临其境之感，并且就教学中发现的某一问题进行专门的思考和讨论。

(2)“教学设计说明＋提炼后的教学场景＋总体教学反思”。这种形式首先对教学设计做简要说明，然后对教学过程中产生的实际素材进行加工，呈现出教学的总体进程，最后再对教学做总体性的反思。

(3)“教学设计＋教学片断＋教学反思”。这种形式与前两者最大的区别是在教学实录中选取一些代表性的片断，在呈现这些片断的基础上，着重对其中蕴含的问题进行反思。它既不同于第一种形式原汁原味地再现整个教学过程和场景，也不同于第二种形式将实录素材进行加工，而是择其要者展开具体分析。

3. 教育课例的撰写

(1)教师在撰写教育课例时选择的活动要具有一定的代表性、典型性，能够确实说明一些问题，给自己带来一些新的思考，提升自己的教学智慧。

(2)教育课例要详尽地介绍自己的活动设计，要把相关理念转变为具体的活动方案，用理念指导自己的教学行为。

(3)在日常的教育活动中要注意运用录音、录像、委托他人现场记录等多种手段全面收集课堂上的各种信息。只有充分地收集到这些信息，才能为自己的提炼概括、选择教学片断等活动打下基础。

思考与练习

1. 什么是行动研究？这一研究方法具有哪些特征？

2. 试述行动研究法的适用范围。

3. 试述行动研究法的一般实施步骤。

第九章 教育经验总结法

学习目标

1. 理解教育经验总结法的性质。

2. 了解教育经验总结法的特点。

3. 掌握教育经验总结法的实施步骤。

教育经验是教育科学研究的逻辑起点。广大幼儿园教师积累了丰富的教育经验，筛选、总结、提炼这些先进经验，并将其概括为教育理论，无论是对丰富我国学前教育理论，深化幼儿园教育改革，还是对指导幼儿园工作，提高幼儿园教师自身素质都有重要的意义。因此，有必要对教育经验总结法的价值、特点、实施步骤等问题进行深入探讨。

第一节　教育经验总结法概述

一、教育经验总结法的含义

为了界定教育经验总结法的含义，我们首先必须明确什么是教育经验，什么是经验总结，然后推导出教育经验总结法的含义。

（一）教育经验

教育经验是指在教育实践中取得的有关教育的知识或技能，一般有如下两种含义：一是指人们在教育实践中比较零散的初步认识成果，需要经过总结提高，才能上升为理论；二是指前人积累的有关教育的知识和技能，如国内外历史上流传下来的教育经验。前者主要是直接的教育经验，后者主要是间接的教育经验。

（二）经验总结

经验总结是指研究者依据一定的价值取向，对某种实践活动进行回溯性的研究，将感性认识上升为理性认识，由局部经验发掘普遍意义，探求事物发展规律的活动。

（三）教育经验总结法

教育经验总结法是依据教育实践所提供的事实，按照科学研究的程序，分析和概括教育现象，揭示其内在联系和规律，使之上升为教育理论的一种教育科学研究方法。

二、教育经验总结法的性质

（一）教育经验总结是一种科学研究活动

一般来说，教育经验总结可以分为描述性总结和解释性总结两个层次。描述性总结是具体陈述一定的教育实践活动和经验，描述当时的想法、做法，以及有什么成效等系列事实，指出运用这些经验的优越性及其前景，大多带有个人特点，处在感性的认识水平。解释性总结除陈述事实外，还要运用科学的方式方法，对积累的教育经验进行分析概括，深入、全面、系统地揭示经验的原因、实质，使之上升到教育理论的高度，找出别人可以借鉴的规律性的东西。

科学研究中的教育经验总结法，就其本质而言，不应停留在描述性的层次上，而应是一种解释性的总结，要在感性认识的基础上，得出对教育现象的理性认识，揭示事物或现象之间的内在联系和规律。这个过程，就是科学研究的过程，其最终成果就是科学研究的成果。

（二）教育经验总结是一种回溯研究

教育经验总结法是在某种教育实践活动大致告一段落，并且通过这种教育实践取得的经验已经大体形成之后，又回过头来从原点进行的追踪研究，因而与其他科研活动有所不同。科学的教育经验总结，是教育科研活动中的回溯性研究。

（三）教育经验总结是一种追因研究

如果说实验法是先确定原因（自变量），然后再考察这些原因导致的结果（因变量），那么，教育经验总结法则是根据已经发生的结果去追溯其产生的原因。另外，教育经验总结法又与观察法所采取的伴随教育发展进程进行直接研究的方法不同，与文献法所采取的借助资料对事实进行间接研究的方法也不同。教育经验总结法主要是根据已经取得的教育成果和基本认识，追索教育过程中各种因素的影响作用，从而进一步揭示教育的客观规律。经验总结的出发点是已有经验，而其基础是取得经验的具体教育过程。因此，它既有直接研究的一面，又有间接研究的一面。可以说，教育经验总结法是一种通过追因揭示教育规律的研究方法。

三、教育经验总结法的特点

（一）以经验事实为研究对象

教育经验总结法作为一种研究方法，与其他研究方法不同，它不是以一般的自然存在的事物或文献资料为研究对象，而是调查研究某种经验事实。这种研究对象是实践者发挥主观能动性，在改造客观事物的实践过程中形成的感性认识，以及某些未经系统化的理性认识。

（二）研究客观、真实、自然

教育经验总结法的重要特征是不控制研究条件，不干预正常的教育教学活动过程，不对被研究者施加某种影响使之发生某种变化，以求得某种预期的效果。研究是在自然状态下进行的,一切教育与心理活动行为均是在自然状态下的自然表露,具有客观、真实、自然的特点。

(三)一般是进行回溯研究

教育经验总结法总是在实践效果已经显示出某种效力,某种经验已大体形成,实践过程告一段落之后,才对这些经验进行回溯研究,即以果索因,采用分析归纳的思维方式和实践验证方法,取得相应的研究成果。

(四)操作简便易行,运用广泛

教育经验总结法不强调事先提出假设,不严密控制条件,不需要复杂的设备,研究过程相对实验法等较为简单,工作量也相对较小。广大学前教育工作者均可在自己的教育实践中采用这种方法以研究学前教育中的各种现象,积累经验材料,把自己一点一滴有用的教育方法、深刻的感受记录下来,加以归纳、分析、提炼并取得规律性认识,从而更有效地指导自己的学前教育实践,丰富理性认识。

(五)主体性和主观性强

在进行教育经验总结时,不管是自我总结还是他人总结,都要经过一定主体的再认识和思维加工过程。因为在总结经验的过程中,总结者头脑里的认知结构是对经验事实进行选择取舍的框架,究竟选取哪些经验事实并不取决于经验事实本身的属性,而取决于总结者认知结构的主动选择。同时,总结者的认知结构也是理解和解释经验事实的基本参照系。总结者以自己的认知结构,把经验事实加工整理成一定的知识形态,并赋予经验事实以一定意义的解释和说明。因此,教育经验总结法的主体性较强。同一经验事实,不同的人进行总结,其结果可能截然不同。教育经验总结法的主体性强,受主观因素影响大,这在一定程度上影响了它的科学性。

(六)研究结论具有不确定性

教育经验总结一般是由教育效果推及原因,但一果多因的现象往往导致研究者难以确证取得显著成效的真正原因。同时,经验事实是教师在教育实践活动中对事实的一种感性概括,它是在教育实践的特殊环境中产生的,缺乏全面性、普遍性、典型性,而具有特殊、偶然和随意的性质,这导致了经验总结中取得的因果关系具有不确定性,缺乏严格意义上的科学论证。

四、先进教育经验的主要标准

教育经验总结一般是对先进的教育经验进行总结,并希望通过经验总结将先进的教育经验推广到更大的范围中,产生更大的效果。在学前教育领域,衡量先进经验的标准主要有以下几点:

一是创造性。先进的经验应较人们原有的认识有所发展、有所创新。这种经验在内容、形式、方法上应体现出新颖性,能够给教育工作带来活力。

二是典型性。先进的经验应具有代表性,具有典型意义。经验在学前教育实践中要起示范作用,要有一定的推广价值。

三是有效性。先进的经验应显示较好的教育成效,并能经得起一定时间的考验,能在学前教育实践中反复运用。

四是现实性。经验总结的研究对象是教育的实际问题。先进的经验应具有现实意义,以客观现实为依据,能反映实际工作中存在的、大家所关心的并试图解决的问题。

五是操作性。先进的经验应是可操作的、易于推广运用的,应该能够回到实践中去指导幼儿教师的教学实践。它在方法上应具体、简便、易行,内容上应生动实在、易于模仿。

六是可靠性。先进的经验应具有稳定性,经验应经得起实践的反复检验,而不是昙花一现的事物。

第二节　教育经验总结法的类型

教育经验总结涉及的方面很多,其价值取向和手段方法十分多样,因此可以从不同角度将其划分为不同的类型。

一、按教育经验总结的科学水平进行的分类

(一)具体经验总结

具体经验总结指以具体的实践事实为基础,总结某次或某项教育教学活动的经验。其内容一般包括:教育活动过程,即活动的目的、准备、经过和师生参与情况等;教育活动效果,即活动后师生的反应、收获等;教育活动体会,即介绍活动后的感受,亦即具体经验所在。具体经验总结常用“教学心得”“教学后记”“教学案例”等形式记述。

可以说,具体经验总结是经验总结的初级层次,是对具体经验的描述和记录,特别简便易行,是广大学前教师经常采用的积累资料的重要方式。具体经验总结最贴近学前教育实践,能为进一步的概括和分析提供素材,是经验总结必不可少的基础性总结。

(二)一般经验总结

一般经验总结以具体经验总结为基础,其主要内容包括:某种教育活动的基本程序和举例;这种教育活动的指导思想和优越性;这种教育活动的适用范围和实施的具体建议。

一般经验总结必须在具体经验的基础上才能形成,它提出了教育活动的一般程序、指导思想、适用范围和具体的操作建议,并指明了操作过程的关键,在科学水平上高于具体经验总结。

(三)科学经验总结

科学经验总结是经验总结的最高层次,是在一般经验总结的基础之上,通过抽象、概括和分析,揭示经验的内在联系与规律性,并全面、准确地将感性认识上升为理性认识,将经验上升为理论,是具有高度科学性的经验总结。科学经验总结是教育科学研究工作者研究的根本目标,要达到这一目标,研究者必须深入教育实践,积累资料,同时还应加强自身的理论修养,提高自己的分析能力。

二、按教育经验总结的内容进行的分类

(一)因果关系的经验总结

所谓因果关系的经验总结,是指描述教育现象的原因与结果之间相互关系的经验总结。例如,某位幼儿园老师采取了鼓励幼儿发展舞蹈特长的措施,结果该班一位幼儿在全市的幼儿舞蹈比赛中获了奖,将这一经验进行总结就是一个因果关系经验的总结。

(二)实施过程的经验总结

所谓实施过程的经验总结,是指那些抓住某些特点,描述某一教育措施落实过程的经验总结。这种经验总结的侧重点在于介绍实际教育过程的方法,这种总结一定要把实施方法中的独到之处和特点反映出来,以供别人应用。

(三)证实性的经验总结

所谓证实性的经验总结,是指用经验证实某个理论或原理的一种总结。这种经验总结是以经验材料为依据,以某个已知原理或理论为论点而进行的论证。例如,一位幼儿园教师对一个经常哭闹的幼儿进行了长时间的特别关注和持续耐心的情绪疏导,使该幼儿的日常表现发生了很大的改变。这位教师就用生动的经验证明了儿童发展具有可塑性这样一个理论观点,并且进一步说明儿童的可塑性是有条件的,即正确的教育措施。

(四)展望性的经验总结

所谓展望性的经验总结,是指为了预见未来的变化,给未来发展提供必要启示的经验总结。这种经验总结有两个突出特点:一是预见性,也就是能够预测或预见教育现象或教育事实的趋向;二是针对性,也就是能够针对某一具体教育问题展开有针对性的经验总结。

第三节 教育经验总结法的实施

一、教育经验总结法的基本操作步骤

教育经验总结，不是对教育经验的简单罗列、堆砌，它实际上是一个对经验进行分析、研究、提炼的过程。因此，要理解教育经验总结的实质和价值，要弄清经验的产生以及它与教育科学的联系，要使总结出的经验具有生命力并能被其他教师所采用，就必须注意经验总结的途径和方法选择。在学前教育实践中，幼儿教师面临的往往是既成的事实和结果，如儿童的行为习惯、语言学习的效果等。研究者的目的不是去改变这些事实，而是想探索形成这些事实的原因。经验总结法就为教师在自然条件下研究既成的教育事实提供了一条途径，它比单凭个人经验推测事物原因的方法更有逻辑依据，更为可靠。而教育经验本身具有广泛性、群众性和多样性等特点，教育经验总结可以有不同的规模，可以采用不同的形式，因而难于制定统一的方法步骤，我们只能根据总结的经验或具体实践过程，提出大概的方法步骤。研究者在实际运用时可根据条件，灵活安排。

（一）确定研究课题与对象

总结教育经验，研究者首先要考虑“总结什么教育经验”和“总结谁的教育经验”这两个问题。因此，研究者应根据经验总结的目的和任务，深入学前教育实践，收集教师的实际工作经验，从众多的学前教育经验中，选出那些符合先进学前教育经验标准的、有研究价值的、具有代表性的经验，作为进一步研究的对象。

通常情况下，经验总结是以成功经验为前提来选择研究对象的。但也不尽然，有时为了全面考察学前教育的实践过程，就需要总结正反两方面的经验与教训。为此，所选择的研究对象就应包括好、中、差三种类型，以取得相对完整的经验。

从选择对象的范围来看，既有以地区为对象的大范围的经验总结，也有以某一所幼儿园的管理经验或某位幼儿教师的教学经验为对象的总结。从时间上看,可以是时间跨度较大的教学管理经验,也可以是短时间内某种取得显著成效的管理经验。总之,经验总结对象的选择必须从实际出发,从需要出发,不能随意决定。

(二)掌握有关参考资料

在研究课题与对象确立之后,就要围绕经验总结的中心内容,广泛收集和查阅有关方针政策、国内外研究动态,以及被研究对象的历史与现实资料。这不仅有利于进一步明确经验总结的指导思想、目的任务和方法步骤,而且可以提高经验总结的成效,避免盲目摸索和重复已有成果。熟悉和掌握必要的参考资料,可以为经验总结提供可靠的依据。经验总结的过程本身具有寻求真理、革新创造的含义,只有不断地总结新经验、新理论,才能更好地指导学前教育实践活动。

(三)制订总结计划

总结计划是对经验总结过程的构想,它包括总结工作进程的大体轮廓,即总结的起始、程序、实施、分析和综合,以及总结的验证。一般来说,要制订一项切实可行的总结计划,应该做好以下三方面的工作。

一要明确经验总结的目的、任务和基本要求,经过反复研究讨论,在统一的指导思想下提出切实可行的初步方案。制订学前教育经验总结的计划,应注意不能过大、过虚,应以突出主旨、达到效果为准则。

二要组织力量,合理分工,明确职责。对于范围较大的经验总结,应抽调若干专职人员,并邀请相关教育科学研究工作者共同参与,组织一个专门的总结班子。

三要保证总结计划既有相对的稳定性,又留有余地,要充分考虑实施计划的可行性。总结计划包括两部分内容:一部分是关于研究方向、研究过程的基本设想,一部分是实施方案。基本设想是总结计划的核心,是支配研究过程的全局性因素,应具有相对的稳定性,一经形成,尽可能不变或少变。实施方案是更为具体的组织和安排,是基本设想的具体表现,是总结计划的外层。计划要付诸实施,常常会出现事先难以预料的问题,因此要及时补充或修改原定计划,使之适应经验总结的实际情况。

（四）收集相关资料

教育经验总结的一项重要工作就是收集、整理有关的资料。如果是对自己经验的总结，要将自己平时积累的资料，如记录、统计数据、体会等，进行整理和完善。如果是对他人教育经验的总结，则要通过访谈、调查、问卷等方式收集整理有关资料。广大幼儿园教师在实际的教育教学中所创造的新经验是十分宝贵的，这些经验需要一点一滴去积累，这就要求一线教师应随时随地记录所获得的经验，并保证从客观要求出发，真实、准确地记录。

经验记录一般包括以下内容：

第一，关于问题或现象的具体叙述，如：问题发生的时间、地点，当时的环境特点，相关人员及其心理状态，问题发生的原因和背景，等等。

第二，经验获得者（集体或个人）对问题所做的分析和判断。

第三，解决问题的方法，具体指经验获得者解决问题的具体方法、操作步骤，以及采取的相关态度。如经验获得者讲了哪些话，改变了哪些行为，做了哪些具体工作，这些说法与做法分别是在什么时间、什么场合下进行的。

第四，解决问题的实际效果如何，即经验获得者在实施行动并改变了教育影响后，被影响者所产生的各类变化，包括被影响者的言行表现、神态举止、学习和行为效果等。

第五，对不可控制因素影响的估计记录。学前儿童心理行为的变化受到多种因素的影响。其中，有些是实质性影响，有些是非实质性影响，有些效果的获得并非是经验者施加影响的结果，而是不可控因素造成的。例如，某幼儿园教师曾要求幼儿加强体育锻炼，一周后班上许多小朋友表现出对踢足球这项体育活动的强烈兴趣。研究者认真做了记录，发现学生们迷上足球的原因是最近电视台正在转播世界杯足球赛，他们迷上足球主要是受足球赛事的影响而非老师的教育。可见，记录过程中全面地了解情况，掌握实质性资料，对分析概括经验是十分有益的。

（五）分析和综合

分析和综合是总结先进经验最重要的环节。充分占有事实材料，是产生先进经验的基础。对收集的材料如果不进行分析和综合，使之条理化、系统化，那么，材料再多，无论是对理论还是对实践都不会有多少意义。因此，研究者要根据研究的目的对收集得来的具体材料进行分析和综合。一是根据经验总结的目的要求,对收集的材料进行分门别类的整理,整理的过程遵循去粗取精、去伪存真、由此及彼、由表及里的原则;同时核实必要的数据,核对引证的实例,力求如实反映总结对象的全貌。二是对事实材料本身所体现的普遍意义和社会效果进行认真分析,从而以现象为向导,揭示具体事实的内在本质联系,分析哪些是主要的,哪些是次要的,哪些是有所创新的,哪些是有待考察的,通过初步的综合分析,为总结提供比较可靠的论据。三是分析综合事实的过程,为抽象概括、推理判断打好基础,以便将丰富的经验上升到科学理论的高度。

(六)组织论证,撰写报告

经过对材料的分析和整理,研究者一般就可以初步写出经验总结的草稿或详细提纲;但为了使经验总结工作更加完善,还应广泛征求意见。征求意见的方式可根据课题大小而定。如果研究课题是某幼儿教师在教学方面的经验,可以个别征求园内其他教师或园长的意见;如果是总结内容广泛、涉及面较大的课题,也可以组织召开经验总结论证会,广泛征集园内外各方面人士的意见和建议。在论证的基础上,充分吸收大家的意见和建议,对初稿进行精心的修改,从内容到形式都要进行反复推敲,最后根据规范写出正式的书面总结报告。

二、教育经验总结报告的撰写

正式的教育经验总结报告,其基本结构通常包含以下几个部分。

(一)标题

教育经验总结报告的标题与调查研究报告的标题有相似之处。教育经验总结报告的标题形式多样,可根据总结的内容灵活确定。常见的写法有如下几种:

在标题中说明总结的内容,如"××教师健康教育经验总结""××幼儿园的办学经验""根据学前儿童心理特点进行语言教学的几点体会"。这种标题虽然比较呆板,但使人一目了然。如果总结报告是送交上级有关部门的,则常常使用这种形式的标题。

在标题中反映工作过程,如"幼师专业的发展与幼教质量的全面提高""在教学中培养幼儿的逻辑思维能力”。

以问题作为题目,如“怎样看待儿童的不良行为?”“怎样在教学中培养儿童的自学能力?”等等。

(二)前言

教育经验总结报告的前言力求简洁,可有两种写法:一种是在前言部分简单地介绍基本情况,这种写法多见于全面经验总结,如幼儿园工作的全面总结、园长工作的全面总结;另一种是在前言中总结说明课题的背景、目的和意义,这种写法多见于专题总结。

(三)主体

工作过程和经验体会是教育经验总结报告的主体部分,是教育经验总结报告的重点。这一部分通常有递进式和并列式两种写作方法。递进式写作法,常用于全面经验总结报告的撰写。例如,有的总结报告是先谈工作过程,接着谈取得的成绩,然后谈经验体会,最后谈存在的问题或建议。行文方式是分若干段落来表达某一事件或某种思想的发展过程,环环紧扣,步步深入展开。而并列式写作法,在教育专题经验总结报告中最为常见。例如,有的总结报告将工作过程和经验体会概括成若干分问题,各分问题之间是并列关系,集中说明总题目,而每一个分问题还可以再分出若干要点,分别进行阐述。

主体部分除了要充分总结成绩和成功经验外,还要适当总结失败的教训(如果必要的话)。在行文上,一般有两种处理方法:一种是把问题和建议分散到各个具体的部分去写,在总结某方面的成绩时,也恰当地提出一些问题或建议;另一种是在全面阐述各方面的成绩和经验后,用一段文字集中谈问题或建议(有的总结不在正文部分提出问题和建议,而将其留到结尾部分)。采用何种写法,要视具体情况而定。如果每一方面的具体工作都既有成功的经验,又同时存在着明显缺点,则使用前一种处理方法为好。因为这种写法对提出改正措施(或建议)会更有针对性。如果不是每一个具体的问题都明显存在不足,而只是某些方面存在的问题较为突出,其他方面没有明显的不足,则采用后一种处理方法为妥。后一种写法可更加集中地表述存在的缺点,有利于互相联系地对存在的问题进行深入分析。当然,有的教育经验总结报告可不写问题和建议,特别是那些投稿发表的专题总结。

(四)结尾

有的教育经验总结报告以一段总结性的语言作为结尾;有的则以提出一些问题或建议作为结尾;有的没有一段专门的文字作为结尾,各部分问题写完,文章也就完结了。总之,这一部分的写法,应根据正文部分的行文情况而定,不能千篇一律。

思考与练习

1. 试述教育经验总结法的基本特点。
2. 试述教育经验总结法的一般实施步骤。
3. 试述先进教育经验的主要标准。

第十章 个案研究法

学习目标

1. 了解个案研究法的种类。
2. 明确个案研究法的特征与优缺点。
3. 掌握个案研究法的基本实施过程。
4. 掌握个案研究报告的撰写方法。

第一节　个案研究法概述

一、个案研究法的含义

近年来,学前教育领域对个案研究法的运用已越来越普遍。正如一些研究者所讲,个案法是对一个或一批客观对象(包括人和社会现象的某一方面或多方面的特点)进行较长期、较全面、较系统的研究的科学研究方法。学前教育研究中的个案法是指以学前教育真实情境中具有某种特征或某种特殊教育价值的个体、个别团体或者某种教育现象为研究对象而进行的一种深入研究的方法。它是一种通过研究个体而反映总体的研究方法,研究重点是个体的特殊性,即个案本身所具有的某一方面的特点,如幼儿多动行为的个案研究、幼儿吮吸手指行为的个案研究、幼儿任性行为的个案研究等。

在学前教育研究工作中，我们应当破除只有大型研究才是“真正的”研究的看法。个案研究实际上如同解剖麻雀，通过对某一个体的深入考察，研究者可能会有一些重大的发现。例如，皮亚杰就是从对自己孩子的个案研究中得到启发，创立了儿童认知发展理论。

个案法在学前教育研究中的作用良多：可以详细描述个案特征，促进儿童的全面发展；可以用个案的具体实例来解释和说明某种抽象的理论和观点，为进一步证实理论提供依据；可以验证某一种辅导策略的可行性和有效性，为解决某类问题提供操作性的策略；在可能的情况下，还可以将个案研究的成果适度推广到更大的群体中。

二、个案研究法的特点

个案研究是所有学前教育研究方法中最生动和最有趣的，在幼儿园的教育教学、行为矫正等各类工作中都具有重要意义。个案研究法是以研究对象的单一性来界定的，而非机械地以质化与量化的标准来划分。个案研究经常被认为是描述性的、自然主义的研究，与验证性的、实证主义的研究相对应。

（一）研究对象的个别性与典型性

所谓个案，就是现象的一个具体案例。个案研究的对象是从总体中抽取的个体，即个案研究的对象是个别的，但又不是完全孤立的个体，而是整体中与其他个体相联系的个体。对这些个别对象的研究必然能在一定程度上反映出其他个体和整体的某些特征和规律。个案研究的对象一般不是随机取得的，而是根据研究目的去选择某一个体或者某一团体。

（二）研究内容的深入性和全面性

个案研究通常以较少的个案为研究对象，研究时间往往较为充裕，因而更注重对与个案有关的事件进行深入细致、全面系统的调查。例如，在研究优秀幼儿教师的专业成长之路时，研究者既可以了解个案的现状（如教学中的表现、工作态度、生活状态等），也可以研究个案的过去（如求学历程、成长经历、生活经历等），还可以追踪个案的未来发展。通过深入细致的调查，掌握个案在各个时期生理、心理、工作环境、家庭背景等方面的相关情况。同时，研究者还可以从多角度、多渠道收集个案各方面的资料。例如,深入到个案的工作情境中进行观察,与其同事、家人、学生进行访谈与交流,全面了解个案情况。研究者只有通过直接或间接的渠道充分获取个案多方面的材料,才能够加深对个案的理解,从而提高研究的深刻性,避免研究流于表面。

(三)研究方法的多样性和综合性

个案研究不是完全独立的研究方法。为了搜集到更广泛、更深入的个案资料,从多角度准确把握研究对象的发展变化情况,研究者往往要结合观察法、访谈法、问卷法、实验法、测量法、作品分析法等多种方法进行综合研究。例如,对离异家庭幼儿的适应行为进行研究时,为搜集全面而详细的研究资料,进一步了解研究对象的现在与过去,研究者可以运用测量法对幼儿的适应行为进行评估,运用观察法了解幼儿在幼儿园活动中的行为表现,运用访谈法了解幼儿在家庭中的行为表现。如此,通过综合运用多种手段,全方位、多角度地收集有关研究资料,研究者能够更准确地把握个案及其家庭环境的情况,以获得对个案充分而深刻的理解,发现和挖掘导致幼儿适应不良的深层次原因。

三、个案研究法的作用

(一)能为教育对象提供有效的帮助,利于因材施教

个案研究,能提供研究对象各方面的详细材料,能为研究对象的发展提出有针对性的教育建议和措施;有助于贯彻因材施教的原则,使儿童接受到最适宜的教育,得到最大限度的发展。

(二)能为理论的发展提供特殊例证,丰富研究内容

个案研究所提供的典型材料为教育教学提供了具有说服力的佐证,能够丰富相关的教育理论研究成果。现代教育学的研究,常常要借助于个案研究的材料来丰富一般研究的结论。如关于思维过程或思维策略的研究、关于儿童元认知的研究等,都借助了大量的个案研究材料来说明其得出的一般结论。

(三)能有效揭示典型、特殊的教育现象或研究对象的特点,促进教育科学的发展

唯物辩证法告诉我们,特殊与一般、个性与共性是辩证统一的。个别事物或现象不但表现出自己的特殊性,而且也反映了该类事物的普遍性,而普遍性必须通过特殊性表现出来。因此,对典型的对象进行个案分析,明确其性质,有助于认识该类事物的本质和规律,从而促进教育科学的发展。

同时,个案研究通过搜集丰富而典型的个案资料,建立资料库,为分析该类对象以后的发展做好了准备。此外,个案研究能通过典型材料,以个案举例的方式说明某种抽象的教育理论和观点,使理论既有概括性又有实用性,既抽象又生动,有助于推广教育研究成果。

四、个案研究法的分类

在学前教育研究中,根据不同的分类标准,个案研究可分成不同的类型。

(一)按研究对象划分

1. 个体类个案研究

个体类个案研究的研究对象是个体,既可以是个人,也可以是某一现象、某一团体、某一事件等,这些都可视为一个研究单位的连续、系统的个案研究。例如,对某一多动幼儿的个案研究、对某一特色幼儿园的个案研究等。

2. 群体类个案研究

群体类个案研究的研究对象是具有同一特征的群体,既可以是一类人,也可以是一类现象、一类团体、一类事件等。例如,对幼儿园外来务工人员子女身心发展特点的个案研究、对民办幼儿园内部管理体制的个案研究、对某市双语幼儿园的个案研究等。

(二)按研究内容划分

1. 诊断性个案研究

诊断性个案研究主要是对学前儿童的心理现状做出判断,该研究主要用于考察特殊的学前儿童,研究其问题行为以及异常的心理现象等。例如,对言语发展迟缓儿童的个案研究。

2. 指导性个案研究

指导性个案研究主要是在幼儿园教育改革实践中,研究如何采取适应新课程改革需要的教学观念和教学行为,然后将研究成果推广到学前教育实践中。例如,幼儿园以教学名师的经典教学范例为研究对象,剖析成功范例,吸收其精华,寻找理论与实践的结合点,找到教育改革的新途径。

3. 探索性个案研究

探索性个案研究常常用于大型研究的准备阶段,是进行综合性研究的前提和基础。如幼儿园可以对某一领域内的某一方面或某一现象进行多侧面、多层次的专门研究,通过研究与探讨,分析出较为科学有效的做法。在此研究成果的基础上,还可以尝试进一步推广此做法,为以后的研究分析和理论概括做好准备。

(三)按研究时效取向划分

1. 个案追踪研究

个案追踪研究是研究者从选定的时间开始,在相当长的一段时间里,对研究对象有计划地进行跟踪考察,运用各种手段收集相关资料,分析揭示其发展变化过程与趋势的研究。研究时间可以根据研究目的来确定,可从数个星期到数年或更长时间不等。中国科学院心理研究所曾采用个案追踪的方法,对智力超常的儿童少年进行了研究,证实了这些孩子绝大多数都受过优越的早期教育,遗传素质的差异只为他们的超常发展提供了可能性,而优良的教育和环境影响则是使这种可能性转化为现实性的最为重要的因素。个案追踪研究能对研究对象身心发展的有关变化过程的连续性和阶段性进行详细的研究和分析，对研究对象在特定时间内发展变化的过程与规律进行总结和描述；也能对某种教育因素或环境因素对教育对象身心发展的影响进行研究和分析，尤其是对那些长久的、潜在的影响因素进行考察和研究。但是，个案追踪研究也有明显的缺点。其一，它费时且难以实施。想获得问题的答案，往往需要一段相当长的时间，有时还需要较多人力和物力的支持。其二，由于时间长，各种无关因素都可能介入而影响到研究的结果。其三，还是由于时间太长，研究对象是否长期合作以及研究对象的流失都是问题。

2. 个案追因研究

个案追因研究是研究者在教育现象发生或研究对象的某种身心品质形成之后，运用各种手段收集教育现象发生或研究对象品质形成过程的各种资料，对其发生或形成的原因进行追溯和探究的研究。这种研究是由结果出发，去追究其发生原因的研究过程。例如，某一幼儿原本活泼开朗却突然变得沉默寡言，并表现出许多不良的行为习惯，一时难以改变。教师就要考虑对其进行个案追因研究，了解该问题形成的原因，从而有的放矢地进行教育。个案追因研究就是对研究对象某种特殊的身心品质（如智力超常、能力缺陷等）的形成原因和过程进行考察和探究，以便能在制定特殊教育方案时提供有价值的参考意见。教师在运用这种方法进行研究时，首先要确定研究问题，明确事实发生后的结果，并假设导致这一结果可能的原因；然后要进一步检验研究假设，选择教育方法及措施，有计划地对研究对象进行研究。

3. 个案临床研究

个案临床研究是研究者通过选择个别有代表性的研究对象，运用观察、测量、访谈、实验等多种手段来探索教育活动规律，以找到有效的教育方法的研究。个案临床研究和个案追踪研究有许多相似之处。个案临床研究在研究手段上主要倾向于对现场进行考察，然后在此基础上进行诊断，也就是定性分析该问题或现象的特点与性质，并得出科学的教育决策；在研究时间上则不像个案追踪研究那样强调时间的长期性和连续性。个案临床研究强调细致观察、深入分析常规的个案，以发现总体发展变化的一般规律。同时，个案临床研究也注重对特殊行为进行诊断，并采取有针对性的教育策略进行矫正。

以上三种研究虽然在研究目的、应用范围和实施手段上有所不同,但这种差异只是相对的,在同一个研究过程中三种方法往往被综合运用。

五、个案研究法的优点与局限

(一)个案研究法的优点

个案研究是对个体进行深入研究,揭示个别差异的有效研究方法。通过个案研究,研究者可以获得有关对象智力、性格、能力等多方面的详细资料,并能分析有关现象产生的原因、背景及过程,根据研究对象的实际提出有针对性的建议和对策,这是其他研究难以实现的。同时,个案研究可以检验群体研究得出的结论,为其提供可靠的例证。因此,尽管从表面上看,个案研究更多地关注个体本身,但实际上,它也有助于对教育现象的普遍性与特殊性问题的探讨。

此外,个案研究在实践中,尤其是在有关个体的临床矫治与发展指导研究中具有十分重要的价值。由于群体研究注重对数量统计和平均数的应用,因而它对研究中特定个体的价值很小或毫无价值。但个案研究能依据对个体的深入分析,准确把握个体的心理状态、发展水平,做出正确的诊断,从而有效地进行临床矫治与个体发展指导。

(二)个案研究法的局限

1. 被试的代表性问题

以个体为中心的个案研究,由于其研究的被试是特定的,并不存在抽样问题,因而也不涉及代表性问题。而以群体为中心的个案研究,在抽样时就需要考虑代表性问题,因为以群体为中心的个案研究的质量取决于被试的典型性和一般性。一般而言,个案研究的被试量较小,究竟选取多少被试才能够代表总体,选出来的样本是否能代表其抽样的总体,这些都是研究者需要考虑的问题。如果对总体和样本的特点没有全面、深入的了解,要做到这一点是非常困难的,而研究结果的适用性也可能被人怀疑。

2. 资料的准确性问题

个案研究采用多种方法,通过多种渠道来收集数据、资料。通过不同的方法和渠道所获得的资料的准确性是不同的。因此,在进行信息的整合时要首先对资料的可靠性、准确性进行分析。一般来说,通过对研究对象的观察、测验、问卷调查、访谈等方法直接获得的数据可靠性较高。而由他人提供的资料,则需要参照其他来源的资料进行分析,然后才能作为诊断的依据。

在个案研究的实际实施中,由某些渠道获取的资料可能会与真实的情况有所偏差。例如:由于时间久远,研究对象对于事件的记忆并不清晰;或者,研究对象出于对自己隐私的考虑,故意隐瞒一些事实。这些都是研究者应当高度重视的问题。

3. 结论的主观性强

个案研究一般只能揭示对象的典型特征,常常是定性的分析,其分析方法也难以标准化。另外,受研究者自身知识结构、能力等因素的影响,研究结果也很容易出现偏差,最终导致不准确的结论。

第二节 个案研究法的实施

一、个案研究的一般步骤

学前教育个案研究的活动过程主要由以下几个方面构成:确定研究对象、制订研究计划、收集与分析研究资料、形成研究结论、撰写研究报告。

(一)确定研究对象

学前教育个案研究是以个体、个别团体或者某种教育现象为研究对象而进行深入研究的方法,是通过研究个体反映总体的研究方法。因此,选择研究对象必须要恰当,要完全符合研究要求,否则将会干扰研究的进行,影响课题研究的价值。研究者在选择学前教育个案研究对象时,要考虑以下三个方面的问题。

1. 考虑个案研究的目的和内容

研究者要根据研究目的和内容来选择在某些方面具有明显突出行为特点的个体、团体或者事件作为研究对象。如果研究的目的是了解多动幼儿的特点及纠正幼儿多动行为的相关策略,就要选择真正具有多动行为表现的幼儿为个案研究对象。

2. 考虑个案研究对象的特殊性

个案研究对象少、规模小,是在自然状态下进行的,是一种特别适合幼儿教师使用的研究方法,特别适用于对行为偏差儿童、学习困难儿童的研究。教师选择研究对象时要从以下三个方面考虑:首先,根据自己对研究对象观察所形成的主观印象来判断其行为表现是否具有显著特点;其次,可以采用测验法来比较研究对象与其他儿童之间的差别;最后,调查与研究对象有关的人员,深入了解他们是否认为研究对象具有特殊性。当这三个方面的意见达成一致时,才可以认定该研究对象具有独特性质,才能确定其为研究对象。

3. 全面分析研究对象

确定研究对象后,研究者要对研究对象的现状进行全面分析,如该幼儿的个人资料、家庭结构、教养方式、问题发展史、适应情况等。如在研究多动幼儿的特点时,就要分析该多动幼儿的行为表现、家庭结构、家长教育观念及教育方法、多动行为发展史等相关的多种情况。此外,还要考虑选定的研究对象是否能够积极配合研究者进行研究工作,是否能够坚持完成研究工作,中途是否会退出研究等问题。

(二)制订研究计划

确定研究对象之后,研究者要科学地制订个案研究计划。一般情况下,学前教育个案研究计划包括以下五个方面的内容。

1. 研究的原因和目的

研究计划首先要描述和解释研究的具体原因,并进一步对研究活动的目的进行阐述,具体说明研究活动将对哪个方面的规律进行探索和揭示,能够对哪方面的理论进行补充和完善，有利于哪些方面实践问题的解决等。

2. 研究的内容和范围

研究的内容和范围往往由以下三个方面的因素决定：一是研究对象与同类个体之间的差异大小；二是研究目的；三是研究者的主客观条件。只有综合考虑这些因素，才能使研究工作有计划地顺利完成。

3. 研究的方法

一般来说，学前教育个案研究在搜集资料和整理分析资料的过程中要运用到多种方式。研究者在制订研究计划时要确定具体的方法，并考虑各具体方法的协调运用，使之相得益彰，以保证研究的完整、深入。

4. 研究准备

学前教育个案研究需要研究者与那些和具体研究对象相关的人员进行合作，以间接获得可供鉴别或参照比较的资料。因此，研究者在制订研究计划时应事先做好准备，即完成对合作人员的邀请、培训，确定合作内容的具体要求及合作方式，以保证研究工作有计划、高质量地完成。

5. 研究步骤

学前教育个案研究的时间一般较长，研究过程中的具体内容又是多方面的，再加上还会涉及诸多合作人员，因此研究者必须事先对研究工作进行统筹规划，就研究过程中的任务、时间、人力财力分配等内容做详细的计划，以保证研究任务顺利完成。

（三）搜集研究资料

搜集个案资料是进行个案研究的前提；诊断与因果分析是进行个案研究的基础。搜集资料并加以整理是为了探究特殊行为和现象产生的原因，理清问题发展的脉络，发现各种因素中有哪几个主要因素对个案有影响。对于以提高教育效果为主要目的的研究者来说，除了要认识问题产生的因果关系外，还需要花力气确定问题出现的根本原因所在，对个案进行必要的诊断。如造成个别幼儿生理、个性、心理品质、行为等方面问题的原因有很多。这些原因有的容易发现，有的不容易发现；有的很复杂，有的较为单纯；有的始于婴幼儿期，有的经历过曲折变化。因此，研究者在诊断问题原因时，应该谨慎行事。搜集全面的研究资料，是个案研究有效性的重要保证。全面地搜集个案研究资料，有助于研究者对个案的历史与现状形成比较完整、客观的认识。因此在确定了研究对象以后，接下来应当认真做好的一项工作就是搜集完备的资料。一般来说，学前教育个案研究主要搜集以下四个方面的资料。

1. 反映研究对象基本情况的资料

这类资料主要包括被研究个体或团体中每个成员和事件当事人的姓名、性别、年龄、籍贯、身体健康状况、生活习惯，以及在语言、智力、社会性、情感等方面发展情况的主要信息。

2. 反映研究对象活动和成长过程及发展状况的资料

这类资料主要包括研究对象的个人档案、学习或发展评定记录、个人作品（如作业本、手工作品、绘画作品、备课本、教育笔记等），研究者对其实施的各种测验的记录、教师评定、同伴评价等。

3. 反映研究对象所在单位（或团体）情况的资料

这类资料主要指研究对象学习或工作所在单位的基本情况，如人数、年龄结构、经济状况、规章制度、管理措施等。

4. 反映研究对象家庭与社会背景的主要资料

这类资料主要指被研究者父母及其他家庭成员的年龄、受教育程度、职业、经济状况、居住地区的自然与文化状况，对被研究者的态度，以及被研究者在家庭中的地位、与家人的情感状况等。

总体来说，在资料搜集上要根据资料的内容、形式和来源采用多样化的收集手段，并注意这些手段的交叉运用。例如：可利用调查表的形式，让有关人员填写；可采取测验的方式，让被研究者回答问题；可通过访谈的方式，与被研究者面谈，当面观察其行为反应；等等。

（四）问题分析与综合

资料搜集完备后，应当对这些材料进行认真的研究与分析，以得出有关个案研究的结论。个案研究的主要任务在于揭示研究对象某些特征形成、发展的规律,属于定性研究。因此,在原有资料的基础上,最为重要的工作是做好对资料的加工。在加工过程中,最为常用的逻辑思维方式就是分析与综合。分析与综合质量的高低直接影响着个案研究的有效性。

个案研究所搜集到的原始事实毕竟是粗糙的材料,不能直接说明问题。要把这些原始素材转化为能说明问题的信息,需要以正确的哲学方法论为指导,对之进行科学的加工和处理。通过分析与综合找出个案的本质特征,使事实材料不仅成为胜于雄辩的东西,而且成为证据确凿、富有意义的东西,并由此得出科学合理的结论。分析与综合是人类认识世界的两种方向相反的思维方式,但其目的却只有一个,那就是揭示事物的矛盾,发现事物的规律。分析着眼于把研究对象这个整体分解成一个个的组成要素或部分,分别对其进行考察研究,从认识现象推移到认识本质。例如,为了研究某一幼儿的个性心理特点,我们可以把他的个性心理特点分解为一般行为习惯、性格特征、知识兴趣、意志情感、能力水平、动机形成等几个不同的部分,分别认识并考察研究各个部分所特有的性质与构造,这就是分析过程。综合的过程与此相反,它侧重于将事物的各个要素或组成部分有机地结合起来,从认识本质推移到认识对象整体。就上例而言,我们在对某一幼儿的个性心理特点进行分析之后,可以得出有关这个幼儿在习惯、兴趣、才能、意志、能力、动机等方面的一些认识。此时,如果我们将这些认识联系起来进行考虑,就可以形成关于这个幼儿的个性心理特点的总体认识。这个过程实际上就是一个综合过程。综合不是把对象的各部分、各因素简单地罗列或相加,而是将各部分、各因素有机地结合起来。从分析到综合,是思维认识过程中一个质的飞跃。

(五)研究结论的形成

完成上述程序后,研究者就应对研究资料进行深入的分析,从中取得有统计价值的数据资料,形成有关个案的科学结论。个案研究是定性的研究,在个案资料的收集、研究对象的陈述、研究者的决策等方面必然会存在一定程度的主观因素,如果判断错误或者处理不当,就会使研究对象蒙受损失。因此,在得出结论前要特别注意对个案研究进行自我检测、鉴别,剔除或者修正不真实、不客观的资料。

在进行自我检测时,可以将下面一些问题作为个案研究自我检测的评价准则：

1. 是否说明了个案的基本情况？

2. 个案记录是否简洁明确？

3. 是否遗漏或忽略了个案的重要信息？

4. 是否用多种手段或方式来收集个案的资料？

5. 对个案资料的来源是否做了详细说明？

6. 对个案的特殊行为是否做了详细描述？

7. 是否说明了个案家庭背景的情况？

8. 所获资料是否确实可靠？

9. 是否说明了个案行为发展变化的过程？

10. 诊断是否有充分的依据？

11. 对行为的判断是否运用了推论？

12. 对个案的矫治是否考虑到伦理问题？

13. 对矫治计划是否做了充分考虑？

14. 是否准确解释矫正辅导的效果？

当然，不同内容的个案研究会有不同的研究方式，也会有不同的评价方式。一般而言，以上这些问题是在进行个案研究时必须要考虑的问题，可供研究者参考。

（六）撰写研究报告

具体内容将在下一节详细说明。

二、个案研究实施的注意事项

（一）研究者要具有较高的智力、健全的人格和情感能力

首先，研究者应该能够容忍一定程度上的模糊性，因为个案研究并没有约定俗成并且一定正确的实施步骤。在研究中，研究者必须能够不断地针对无法预见的意外情况做出及时反应和决定。经常出现的情况是，研究者工作了很长时间，却一无所获。其次，研究者必须对所研究的情境和人物的语言或非语言信号保持一定的敏锐性和警惕性。在质的个案研究中，研究者并不是从量的角

度来进行测量的,而是通过他们的诱发、描述、评估、比较和创造,给读者身临其境的感觉。同时,研究者的意识和感知力必须非常敏锐。质的个案研究本质上是非常集中和深入的,这就意味着质的研究会很劳心劳力。最后,个案研究者必须有很强的自我反省能力,以此来确保研究者将自身视为研究项目的一部分。

(二)遵循道德原则,切实保护研究对象的隐私权

个案研究的对象是典型的、特殊的、具体的某一人或某一团体,在收集资料的过程中往往会涉及研究对象的个人隐私。因此,在进行个案研究时,研究者必须遵循道德的原则,切实保护研究对象的隐私权。否则,不但不能帮助研究对象解决问题,而且可能适得其反,给研究对象带来不良影响。具体做法是:不得强迫研究对象参与研究,确保其行为完全出于自愿;在整个研究方案的进行中,应该积极与研究对象沟通交流,态度诚恳、友善,给予充分尊重,不能讥讽或轻视研究对象;研究者不能随意将研究对象的资料透露给他人,在研究资料的处理过程中要积极与研究对象协商,未经允许,不得将资料转作他用。

(三)排除主观干扰,正确处理双重视角的关系

个案选择是否典型、是否具有代表性往往受到研究者主观因素的干扰,因而不好把握。另外,在研究资料收集和处理的过程中,研究者也可能根据自己的主观臆断把本来有用的资料抛弃,而把无用的资料看作是有价值的,把原本没有关系的材料连在一起,错误地推断原因。

(四)准确把握个案研究的适用范围

个案研究作为一种独特的研究方法,有严格的适用范围。在学前教育研究中,个案法侧重于特殊儿童的特殊行为的研究。因此,个案研究针对的都是一些特殊的案例,只是同类事物的局部表现,研究结果并不具有普遍的代表性,所以不能轻率地将结论推广到全体。

(五)确保资料完整、真实、可靠、有用,合理处理“反身性”

在个案研究中,对原因的诊断是否准确,矫正指导措施是否有效,在很大程度上取决于搜集的资料是否全面系统。资料不足或有误,都可能导致研究结果

的错误,使整个研究失去价值。研究者在搜集和整理资料时需要大量地依赖个人的观察、移情、直觉等心理过程来了解研究对象实地经历的现象。研究者事实上起着研究社会现实的构造者和解释者的作用,有人称这一现象为“反身性”。研究者为了确保资料完整真实,研究可靠有用,就要正确处理这种“反身性”,防止其过当。

(六)确定有价值的研究对象

有效地选择研究对象十分重要,这关系到得出的结论是否有价值。从事学前教育工作的教师,应根据个案研究的目的与内容,选定具有某一方面典型特征的幼儿作为研究对象。例如,教师为了探索提高教学质量的方法,可以把研究对象确定为与此相关的人和事例,如“对流动儿童社会适应的研究”“对感统失调幼儿的个案研究”“对儿童攻击性行为发展的个案研究”等。在个案研究对象的确定上,一般可以选择那些有一系列不同于他人的行为表现的幼儿,而研究者对这些行为形成的原因、特点、发展趋势的认识不甚清楚,又有了解它们的必要和兴趣。例如,如果我们研究的目的是了解超常儿童的特点,帮助智力超常儿童成才,探索智力超常儿童成才的规律,那么就应该选择真正智商高、学习成绩出众的儿童作为研究对象,因为这样才有典型意义。研究这样的儿童所得出的结论,对于培养超常儿童,促进他们的发展才有价值。如果我们选择了一些智商水平一般、学习成绩平平的儿童作为研究对象,那么无论我们如何研究,由此得出的研究结论对于超常儿童来讲都是没有多少价值的。

(七)遵循一定的研究准则

个案研究中的每一个人都有他的独特性,每一件事情都有它所代表的意义,而且各研究所采用的程序与方法也会有很大的差异。因此,为了将个案的原始面貌及背后所代表的真正意义显现出来,研究者需要遵循以下四个原则。

1. 综合性原则

个案研究的综合性原则指的是在个案研究方法的运用上需要将调查法、测量法、文献法、作品分析法等多种方法进行综合。在研究材料的搜集上,要把握多层次、多角度、多方面的原则;在材料的分析上,通常都要结合定性分析和定量分析;在对个案的诊断上,不仅需要探索其内因方面的问题,同时也要发现环境影响等外因的存在,而且很多时候外因就是问题的症结所在。

2. 灵活性原则

个案研究的情境、对象、程序和方法等都会因研究的不同而表现出很大的差异。因此,个案研究者要灵活处理研究中出现的各种变化。对于不同的问题、不同的研究阶段,以及不同的对象,要根据研究需要和进展,调整研究进程和研究内容,选择或变换更为恰当的研究方法,也可根据研究的需要对研究进程做适当的调整,体现出主动、灵活的特点。

3. 谨慎性原则

个案研究是在真实的情境中针对具体的研究对象而展开的,它涉及研究情境的多样性和变化性、个案成长的累积性和个别性、研究者与研究对象间沟通的顺畅程度,以及意义表达与理解的真实程度等诸多问题。因此,研究者在与研究对象建立起相互尊重、信任、合作的关系的基础上,还要注意观察方法和询问技巧的问题,要捕捉个案成长变化的细节,要注意分析的严谨与细腻,这些都要求个案研究必须始终坚持谨慎性的原则。

4. 伦理性原则

和许多质化研究一样,个案研究者一般要进入被研究对象的私人空间才能搜集到有价值的材料,但与此同时,被研究对象却可能面临尴尬、曝光、失去工作或个人尊严受损等问题。正因如此,个案研究往往会涉及各种各样的伦理问题,不同研究阶段所涉及的问题层次也会有所不同。因此,要遵守伦理性原则,保护被试的隐私:进入研究场所阶段,应取得正式的同意再开展研究;资料搜集阶段,进行观察、访谈和信息采集时,主要的伦理议题在于如何与被研究者建立互信的关系;资料分析和诠释阶段,则应客观地反映不同的观点和意见;最后,研究报告的撰写中,要公开及公正地呈现各方的利益冲突,并保护好被试的个人隐私。

(八)注重个案的追踪研究

对个案研究对象的问题矫正和指导是一个极为复杂的工作,仅靠一次诊断是很难获得准确结论的。另外,教育是一个长期的活动,某些教育措施的实施往往要在一段时间以后才能比较全面地显现结果。因此，对于所研究的个案对象，特别是对那些实施过矫正与个别指导的问题儿童，有必要实施一段较长时间的追踪观察与研究，以检查矫正补偿是否有效。如果有效，个案研究工作就可以告一段落；如果问题还是没有得到解决，那就要重新诊断和重新矫正，继续研究下去。

第三节　个案研究报告的撰写

一、个案研究报告的类型

（一）描述性报告

描述性报告尽可能用客观描述来呈现对个案的解释，具有直观、具体等优点。但整理报告所需的时间较长，重心难以把握，较为复杂。

（二）简介性报告

简介性报告似一幅个案的速写，着重反映个案的主要特征，比较简洁，整理报告所需的时间较短，较能突显出问题的重心，不过读者往往难以从中获知有关个案的详细资料。

（三）分析性报告

分析性报告通常对论点进行直接的论述，提供论据，并充分说明个案的各种可能现象及推理历程。分析性报告是一种企图利用客观的方式呈现个案资料，但又无法全然放弃主观判断的呈现方式。

二、个案研究报告的基本格式

个案研究实际上就是用各种方法收集个案的相关资料，通过科学的推理，提出解决问题的策略，进而评价其效果的研究过程。个案研究不仅是一种研究方法,也是一种复杂的认知过程,并且是一种解决问题的理论框架。典型的个案研究报告的格式大致涉及以下几个方面。

(一)基本资料

基本资料主要包括研究对象的姓名、性别、年龄、籍贯、住址、学校(幼儿园)等。例如:被试××,女,5岁,××省××市××街道××小区××楼××室,A幼儿园,中班。

(二)个案来源

说明个案的来源,如别人介绍、自己寻来或其他来源。

(三)背景资料

这一部分应主要说明家庭中父母或教养人的职业、文化程度、生活方式、政治面貌、健康状况、性格倾向、教育观点和方法;家庭经济状况、居住条件,家庭成员的政治态度、社会行为、社会交往等;研究对象个人生理、心理、智力等方面的历史与现状。

这一部分可以看出成长背景对研究对象个性形成的影响程度,主要可以从如下几个方面进行介绍:

第一,个案家庭史:父母、兄弟姐妹、其他主要家庭成员的情况。

第二,个案与家庭的关系:父母的管教态度、亲子关系、兄弟姐妹的关系等。

第三,个案的学校生活:对学校的态度、学习能力、学业成绩等。

第四,个案的社会关系:人际关系、与朋友的交往情况等。

例如:被试父亲××,大学教师,博士,中共党员,健康状况良好,性格热情开朗;中上收入水平,家庭收入有20%用作教育投入;对待幼儿采用民主型教育方式,尊重孩子的意愿。

(四)主要问题的描述

要求说明研究对象所存在的问题首次出现的情境、时间和具体表现,经常在何种情况下出现及其具体表现,以及目前的表现。例如,对新手型教师A某在大班科学区域活动中指导行为的个案研究,可描述为:教师最开始对科学区角活动的指导干预较少,随着幼儿园对科学教育的不断重视,教师的指导频率也逐步提高。

(五)诊断和分析

这一部分是用描述性方法完成一项个案研究并撰写出研究报告的关键,也是整个研究的难点所在。在这一部分内容中,研究者应主要解决“分析什么”和“怎样分析”两个问题。

1. 需要分析的问题

这一部分应该以个案研究前期阶段收集的资料为基础,具体要分析的内容主要包括两个方面,即对诊断结果的分析和对矫正指导结果的分析。而这两方面又必须包含五项具体的内容,即对个人情况,研究问题的基本情况,家庭或教养情况,家庭环境和条件,研究对象个人生理、心理、智力等方面的历史与现状的分析。

2. 对资料的分析方法

资料的分析方法已在前文做详细解释,故此处不再赘述。

3. 透过现象,找出各方面问题之间实质性的联系

由于个案研究侧重于研究对象的自然表现和发展历程,缺乏对研究变量的控制和实验数据,因此,分析过程中需要特别注意各种内外因对研究的个体问题的影响。例如,在研究特殊幼儿随班就读教育问题时,除了要掌握该幼儿个体的自然生活事实以外,还要注意到他的生理缺陷、家庭影响,以及智力、情感、动机等方面的其他因素。在进行分析时,一要根据诊断,以幼儿从小到目前的经历特征为重点,提出有关幼儿个性发展或行为特征的说明;二要将幼儿作为幼儿园中的一员看待,分析幼儿园、社会对其发展的影响;三要分析家庭对其特殊的影响和作用;四要分析个人内部条件和心理因素的相互影响。

4. 分析引起结果的原因

为了使研究报告能够做出基本可靠的分析与初步的推论,克服个案研究缺乏对变量的控制和实验数据的不足,分析时一定要理清思路,找出引起结果的重要原因,确定问题症结所在。如引起幼儿阅读困难的原因,可能是来自于生理、智力、认知方式、情绪、社会或家庭环境等各方面因素的影响。总之,影响个人行为的原因或因素很多,应该依据个案的不同特点做相应的具体分析。

(六)实施指导策略

这一部分的具体内容应包括:抽样的标准,即个案是如何选定的;进入现场以及与被研究者建立和保持关系的方式;采用什么方法收集资料和分析资料;关于研究伦理的考虑;研究实施过程,即研究持续时间的长短,访谈、观察的时间表及频率;等等。此部分的叙述要足够详细,使读者能够通过文章透彻地了解研究的过程。

(七)实施结果

个案研究的结果分析,主要是对观察资料、访谈资料、实物资料的描述与概括分析。此部分是研究报告的主干部分,必须保证叙述的详细和具体。

(八)结论及建议

结论及建议部分要求对研究中的关键因素及研究结果进行深入讨论,从个案研究的结果中推论出最终的结论,并对结论的有效性和真实性做出解释,对研究问题提出建设性意见。

三、撰写个案研究报告的注意事项

个案研究中的事实资料是个案真实发生的事件,而意见资料则主要涉及相关人员的主观感受和价值判断。在对研究资料进行分析的过程中,研究者应该根据自己掌握的知识经验,或者通过将不同来源、不同方式获得的信息与资料加以比较,来判断研究资料究竟是事实资料还是意见资料。在撰写研究报告时,必须明确描述哪些资料是事实资料,哪些资料是有关的证据,哪些是价值判断和推论。区分“事实”与“意见”的方法主要有如下几种:

一是根据研究者自己掌握的知识经验,对事实资料和意见资料进行主观的定性判断。

二是通过“这是真的吗?”“还有别的证据吗?”等提问,帮助研究者澄清叙述句的真实性和有效性。

三是采用归纳和演绎的方式推断哪些是“事实”，哪些是“意见”。

四是对不同来源或不同方式得来的资料进行比较分析，看它们是否具有一致性，从而判断资料的真实与否。

思考与练习

1. 什么是个案研究法？
2. 试述个案研究法的优缺点。
3. 简述个案研究报告的基本格式。

第十一章 学前教育研究成果的呈现

学习目标

1. 了解学前教育研究成果表述的基本要求。
2. 了解学前教育研究成果评价的内容。
3. 理解并能按要求进行学前教育研究成果的表述。

第一节　学前教育研究成果的表述

学前教育研究成果的表述是学前教育研究工作的重要环节。在完成了一项学前教育研究课题的研究工作后,要对整个研究过程和研究结果进行分析和总结,并根据具体的研究目的、方式及操作过程等特点,选择一定的表现形式,将研究成果表述出来。成果的表述是对研究者教育研究能力及专业写作能力的全面考验。学前教育研究成果表述得如何,直接影响着学前教育研究成果的交流和运用。

一、学前教育研究成果表述的含义与意义

(一)学前教育研究成果的含义

学前教育研究成果是研究者以学前教育研究活动为基础,结合自身已有的知识、经验,经过文字加工和理论分析所获得的具有一定学术价值和社会价值

的增值知识。所谓的知识“增值”,指的是研究者进行的学前教育研究所获得的成果,在一定程度上突破和超出了该领域已有的知识水平或范围,具有一定的创新性,能产生新的教育效益和社会效益。

对学前教育研究成果的含义,可以从如下四个方面来理解。

1. 学前教育研究成果以学前教育研究活动为基础

学前教育研究成果不是凭空杜撰出来的,任何研究成果都需要研究者通过科学的研究探索而获得,研究者要经过严格的课题选择和确定、文献资料检索、研究方法选择来展开具体的研究过程,每一个步骤都要体现学前教育科学研究的特点,遵循学前教育研究的基本规律。

2. 学前教育研究成果是一个再创造的过程

学前教育研究成果不是自然产生出来的,任何形式的成果都必须有研究者的加工和创造。对于研究中获得的文字资料或数据资料,研究者要开展细致的整理和分析工作,并在此基础上进行理论或事实的分析,通过文字加工,对所有的研究资料进行再创造,最后用一定的形式将其表述出来。

3. 学前教育研究成果有一定的理论价值

学前教育研究需要有一定的科学创造性,要有教育价值和意义,而不是简单地重复别人做过的研究,也不是对学前教育事实的简单描述;必须有明确的结论,要有一定的理论提升或创新,并能提出新的观点、思想、教育方法及措施。

4. 学前教育研究成果有一定的表现形式

学前教育研究成果要得到认可和推广,就必须有一定的被人们认可的表现形式,即用一定的载体将研究成果表述出来,如学术论文、研究报告、学前教育专著等。

(二)学前教育研究成果表述的含义

学前教育研究成果的表述指的是研究者对学前教育研究进行全面的总结,运用一定的形式对研究成果进行加工,将研究的目的、研究过程、研究方法和研究结论等用文字的形式表述出来。

(三)学前教育研究成果表述的意义

1. 有利于学前教育研究的发展

学前教育研究成果的表述就是将研究的过程和结果用一定的形式表达、展示出来,利用书面的形式来说明研究了什么、如何研究的,以及有什么研究结果。这种成果表述可以将相关研究的价值体现出来,向社会提供学前教育科学研究的信息,取得一定的社会认可和评价,从而在理论或实践上促进学前教育研究工作的发展。

2. 有利于学前教育的学术交流

对具体的学前教育问题进行的研究所取得的相关成果能够为其他研究者和研究工作提供实际的研究资料,而社会对表述出来的研究结果的评价分析,会促进相关的教育学术交流与合作,也可能会将研究成果推广到更大的教育范围中,使得研究成果得到更多人的关注和思考。此外,研究成果的表述可以促进相关知识和理论的深化、传承,丰富学术文献,为其他理论研究者和实践工作者提供有价值的研究基础和研究资料。

3. 有利于研究者研究能力的提高

学前教育研究是研究者利用已有的学前教育知识和经验进行的创造性的研究活动。而研究成果的表述也是一个严密思维的过程,不仅需要研究者具备较强的分析、综合及概括能力,还需要研究者具有准确运用语言文字进行表述的能力。因此,研究者在表述研究成果的过程中,自身的逻辑思维能力和语言表述能力都能得到提高。

二、学前教育研究成果的类型及基本表述形式

(一)学前教育研究成果的类型

学前教育研究成果有多种多样的表现形式,根据研究所采用的研究方法和所研究的具体内容的不同,可以大致将学前教育研究成果划分为三个基本

类型。

1. 事实型的研究成果

事实型研究成果指的是以事实材料为依据进行论证所取得的研究成果。例如,运用调查研究法调研、分析出的研究成果,采用实验研究法进行学前教育实验而取得的研究成果,等等。这类学前教育研究成果的具体形式有教育观察报告、教育调查报告、教育实验报告、教学案例、教学经验总结等。

这类研究成果的特点在于:第一,它们都是以对学前教育事实进行直接研究所获得的第一手材料为基础撰写而成的,事实材料本身也是成果的主要内容;第二,研究成果必须要包括对具体研究方法和研究过程的说明,如实验研究就要说明怎么控制或处理变量,研究变量之间是什么关系。

2. 理论型的研究成果

理论型的研究成果是以深刻的理论分析和严密的逻辑论证来进行表述的,这类学前教育研究成果的最大特点在于它的理论思辨性。它以阐述对某一学前教育问题的理论性认识为主要内容,要求研究者做到:提出较新的观点或理论体系,阐述新旧理论观点间的关系;论点鲜明,论据确凿,论述严密,成果表述的逻辑要清晰。

这类研究成果包括用文献法、比较法、历史研究法等方式获取研究材料,经过分析、整理、概括而形成的学前教育研究成果,如讨论某教育问题的研究论文、对某研究领域进行的研究综述等。

3. 综合型的研究成果

很多学前教育研究成果兼具前两类成果的特点,既有事实材料,又有理论分析和阐释,因此属于综合型的研究成果。根据具体的研究方式和研究过程的不同,这类研究成果的侧重点也有所不同。如某一学前教育方向的专门著作,可能既有一系列的教育实验结果和教育情况调查,又有研究者的理论观点,并建构了一定的理论体系。再如,在教育观察基础上的研究成果,一般不仅仅是描述事实,往往在丰富的教育案例等事实材料的基础上,还会有严谨的逻辑推理和理论概括。

(二)学前教育研究成果的基本表述形式

1. 教育研究报告

教育研究报告是指通过对事实的描述和数据的说明来完成对研究过程和研究结果的概括与总结。此类文章具有较为固定的结构,要求清晰、具体地描述研究方法和相关材料,客观地反映研究过程,合理地解释研究结果。通常,教育研究报告包括教育课题研究报告、教育调查研究报告和教育实验研究报告等。

(1)教育课题研究报告,是指在学前教育研究课题按照研究计划完成后,将有关的事实和数据材料进行统计、分析与整理,在此基础上,研究者对整个研究过程与研究结果进行归纳总结,以形成一份关于该课题研究的文字表述材料。教育课题研究报告是对教育科研过程和教育科研成果的概括与总结,是学前教育研究工作理论升华的关键步骤,具有学术价值和社会意义。

(2)教育调查研究报告是在对教育现象中客观事物或问题进行深入细致、全面客观的调查研究的基础上,经过对研究成果的整理与分析而形成的一份书面报告。它既是对学前教育调查研究成果的概括与总结,又能够帮助人们正确地认识客观事物,了解客观事物发展的规律,为指导今后实践的方向和促进理论的发展提供有利的条件,有效地构建起理论与实践互通的桥梁。

(3)教育实验研究报告是一种以书面形式反映教育实验过程及其结果的研究报告。教育实验研究报告与其他类型的研究成果相比,最为显著的特点是它的客观性,即必须客观实际地呈现研究结果。因此,教育实验研究报告必须准确、清晰、简明地阐述问题,表述结论。教育实验研究报告根据实验研究的基本方法可分为定量研究的实验报告与定性研究的实验报告两种。前者是定量分析,强调通过严格地控制实验条件来获得定量的研究数据,分析论证各种研究变量之间的内在关系,从而对实验假设进行科学的验证。多数的教育实验研究报告都属于定量研究的实验报告。定性研究的实验报告则是强调对对象进行质的分析,如教育改革实验研究报告、德育实验研究报告及个案实验研究报告等都属于此类定性研究的实验报告。

2. 教育研究学术论文

教育研究学术论文是对某种教育学术问题在理论性、实验性或预测性等方面形成的创新见解或成果的科学记录,是对某种理论应用与实践后所获得的新进展的科学总结,是可以用于交流、谈论或在学术刊物上发表的文字资料,是衡量个人教育学术水平和科研能力的重要标志。按照研究内容的不同,教育研究学术论文可分为理论性研究论文和应用性研究论文。其中,理论性研究论文主要探讨针对教育的基本概念和原理进行的研究,而应用性研究论文则重点探讨教育理论对教育教学实践的影响。教育研究学术论文成果的价值主要取决于其理论来源与选择是否正确,其实践推广与应用是否可行。一般来说,学术论文或具备论证色彩,或具备论辨色彩,论文的内容必须以客观性、科学性和创造性为基础,以形成结构严谨、逻辑清晰、表述准确的学术研究成果。

3. 专著与编著

专著是指对某一学科或某一专门课题进行全面系统论述的著作,并由国内外出版社正式出版。通常,专著侧重于围绕某一问题进行深入的探讨和全面的论述,形成个人的认识和观点,具有论述系统、内容广博、观点创新等多种特点。专著更加注重首创性,而不是整理、增删、组合或改编他人著作,可以说创新是专著的生命。

编著是指把现成的文字材料进行选择加工而写成的著作。编著与专著相比,不强调创造性,而强调采用最新的研究成果,使用科学的体例将其编撰成书,它有一定的理论性、学术性,但更强调应用性。

专著与编著都是对教育问题的论述,但二者在独创性表现上有所不同。专著的独创性高,是研究者最新的学术研究成果;而编著则是对已有文献资料的汇集与改写,独创性低于专著。

三、学前教育研究成果表述的基本要求

(一)成果表述要有科学性

科学性是所有科学研究的基本要求。学前教育研究成果表述的内容要有科学性,表现在:阐述观点时要保证论点明确、完整;论证所用的理论学说和事实要有依据,材料要可靠;论证过程要有合乎逻辑的推理,有理有据。另外,研究成果的表述形式也要体现科学性,结构要有合理的安排,语言文字的表述要

简明、精练而又不失准确,成果表述的整体结构要严谨。

(二)成果表述要有客观性

所谓客观性就是实事求是,指的是在研究成果表述的过程中,研究者要尊重学前教育研究的客观事实,以研究的本来面目为依据进行阐释,而不能主观臆造或随意"造出"一些结果。研究者要严格依据学前教育研究的进程和研究方法,客观呈现研究中所获得的数据或文字资料,实事求是地对研究材料进行分析和处理,分析其所反映出来的可能结果,在全面考察、分析、概括、总结后进行成果表述,不能为了靠向理想的研究成果而进行歪曲事实的表述。

(三)成果表述要有创新性

学前教育研究成果的表述要追求创新性,注重将研究成果的价值和意义体现出来,而不是重复他人已经表达过的观点。在学前教育研究成果的内容上,要将自己的新观点、新发现表述出来,或者在他人已有的研究基础上,将自己的进一步验证、补充或完善提出来。创新研究成果也可能是在学前教育实验和调查中所获得的新数据,或者是对他人研究的本土化研究和应用。

(四)成果表述要有规范性

规范性是进行学前教育研究成果表述的前提和基本要求,也是研究者严谨的科研态度的体现。首先,要注重研究成果内容表述的规范性,不管是学术论文还是研究报告,观点与材料要一致,论证要有严密的逻辑结构和科学的论证方法,观点要明确。其次,还要注意语言的规范使用,要使用学前教育的规范术语进行表述,力求简明、确切。最后,还要注意成果表述形式的规范性,研究成果的写作结构和布局要清楚、合理,所运用的图表要直观且有适宜合理的表现形式,文献的标注要符合相关标准。

四、学前教育研究成果表述的步骤

学前教育研究成果的表述既是一个文字加工的过程,又是一个逻辑思维加工的过程,还是一个再创造的过程。一般而言,由于研究课题、研究方法和研究时间等方面的差异,学前教育研究成果在表述上并没有严格统一的格式和结构要求。但总体来说,研究报告或研究论文一般包含题目、署名、摘要、关键词、引言、正文、结论与建议、参考文献、附录、致谢等部分。不管是用什么方式将学前教育研究成果表述出来,其撰写过程都大致包括以下步骤,即确定主题、编写提纲、撰写初稿、反复修改和定稿。

(一)确定主题

首先,要确定表述的主题。经过前期的研究过程,研究者对于学前教育研究成果的表述内容应胸有成竹,对所要表述的中心问题应该是比较明确的,这就是研究成果的主题。进行一项学前教育具体课题的研究,最终可能会获得很多的资料和收获,但不是所有的东西都要一起体现出来,而是要将研究中最有价值的部分用语言文字呈现出来。

其次,进一步拟定好题目。研究成果最终会以文字的形式表述出来,题目就是成果表述主题的具体体现。拟定的题目要用简要的语言文字进行表述,同时应准确、具体。研究成果的题目应该是对研究成果内容的高度概括。

在确定题目时还要注意语言的表述:一要以恰当、准确的语言反映研究成果中最重要的特定内容,使其他人看到了题目就能立即了解该研究成果的主要内容是什么;二是题目一定要简明,力求语言表述的简练、高度浓缩,除非必要,一般情况下文章的题目不应超过 20 个字,若有需要可以加一个副标题。

(二)编写提纲

正如写作文前要打草稿,在正式撰写成果前,也应该在写作主题确定的基础上编写一个写作的提纲,对学前教育研究成果的具体内容撰述做一个合理的安排。提纲是对写作成果的设计,研究者要先理清自己的思路,全面考虑怎么组织好写作的各种素材,如何安排好文章主体的框架结构,如何体现各层次的逻辑关系等。提纲可以使文章的结构和布局更加清晰,也有利于研究者梳理前后不同的层次关系。

1. 提纲的作用

在研究成果写作的程序上,提纲是研究者行文前的必要准备。从提纲本身看,它是研究者构思谋篇,进行布局的体现。

(1)编写提纲有助于把握写作思路。提纲本身就是成果结构的“蓝图”,是有一定的逻辑性和总括性的,可以帮助研究者完成全篇的结构设计,而且层次清楚,简明扼要,重点明确。

(2)编写提纲有助于提高效率。研究成果的提纲可以帮助研究者及时调整思路,将各种庞杂的研究资料和创新性的材料编排起来,让写作者在活跃的思维运作中保持清醒,甚至能根据已有的思路和框架,提出新的研究观点或者有关联想。这些在研究和写作中随时出现的创作灵感和已有的提纲性框架结合起来,能够帮助研究者实现顺畅的成果表述,使其不至于在没有任何设想的情况下陷入思维混乱、情绪波动,甚至出现重新返工的情况。

(3)编写提纲有助于成果表述的严谨。提纲可以帮助研究者在写作中树立起全局性的观念,有助于研究者从整体出发,思考研究的每个部分、成果的每个层面、观点的每个角度在总体文本中的地位和作用,使它们形成相互之间的逻辑关系,保持成果各个要素内容的严谨性、相称性,使研究成果的表述成为一个有机联系的整体,在内容表述上更顺畅、连贯。

2. 提纲的类型

提纲从内容形式上可分为标题式提纲与简介式提纲两种。

标题式提纲又称骨架结构法,是将写作的研究成果的各级大小标题按照一定层次排列,概括地列出文章的大致结构。一般文章的写作提纲可以排列到三级,即大小标题的层次可以有三级,必要时可以到四级标题,对具体内容如何展开论述则不必涉及。

简介式提纲,即在标题式提纲的基础上,在每一个标题下列出要阐述的内容要点。简介式提纲类似于文章的摘要,把写作的主题内容都简要地表述出来了。

需要注意的是,编写提纲是给科研成果写作搭建骨架的过程,如果提纲准备得比较充分和细致,层次清晰,写作时就会比较得心应手。常用的提纲有标题式和简介式两种,研究者可以依据自己的写作习惯和研究需要进行选择。初学者可以多采用简介式提纲的方式,并且尽量将提纲列得详细些,以便写作时更为顺手。

(三)撰写初稿

在准备好充分的材料,拟定好成果表述提纲的基础上,研究者可以按论文格式和写作要求撰写初稿。初稿是对写作提纲内容的充实,要将具体要表达的观点落实在书面上。写作时基本上是按照提纲的顺序和逻辑层次进行撰写的,但也可以灵活安排,分段完成。因此,初稿有不同的撰写方式。

1. 撰写初稿的方式

(1)按照提纲,逐步推进。成熟的写作提纲可以为研究者的初稿撰写提供便利。按照提纲的结构顺序和逻辑层次进行写作,比较符合研究者思考的自然顺序,从头到尾,思路比较顺畅,也符合一般的写作习惯。这种撰写初稿的方式比较符合研究成果篇幅不大的情况,作者各方面准备都比较充分,写作的思路也比较清晰,只需要对写作框架的相应部分进行充实即可。因此,要安排好时间,最好能在较短时间内完成,以便全文贯通,减少因停顿带来的干扰。

(2)灵活写作,分段完成。学前教育研究具体的课题方向不同,研究方法和过程也不尽相同。对于一些比较复杂的研究成果,因其写作篇幅较长,内容相对来说也有一定难度,因此研究者可以先写较为容易的部分,按照先易后难的原则进行分段写作。如文章的前言、问题提出部分相对较为容易,可以先写;而研究问题的分析、数据的统计、结果的分析讨论等是比较难的内容,可以后写。当然,不同的作者有不同的写作方式,也可以将较难阐释的部分提到写作日程的前面,先行写作,然后再把容易的部分补全。总之,灵活运用分段写作的方式,可以保证初稿撰写的质量。

2. 撰写初稿的注意事项

初稿虽然还不是定稿,尚需修改,但在写作中还是要注意一些具体问题:

一要突出主题。研究成果的初稿一定要突出研究的主题,将最有价值的研究成果体现出来。所有运用到的材料都要集中指向于要表达的主题,使主题更鲜明,文题密切对应。对初学者来说,最容易出现的问题就是文不对题或离题太远。

二要行文严谨。初稿的写作要注意行文的严谨性和科学性,文章的层次要清晰,逻辑要分明,文字表达要具有流畅性,内容应简明。即使是初稿,也不能随意表达,切忌烦琐冗长,东拉西扯。在语言表达中,不要出现模棱两可的词语,如“也许”“可能”等。总之,要通过严谨的逻辑推理引出研究的结论和观点。

三要即事论理。学前教育研究成果是学前教育科学研究的结晶,因此写作中要体现出理论的提升。即使是事实性的研究成果,最终也不能仅仅停留于描述教育事实或现象本身,而要着力提升理论层次,从理论高度阐明自己的论点,要严肃客观、严谨地对资料进行分析,最终得出结论。

四要注重创新。任何学前教育研究都要有研究者自己的独特见解,有价值的研究不会是完全重复别人的研究。看问题的角度、研究切入的视角、研究方法的运用、研究对象的择取、逻辑推理的方式等,每一个方面都可以进行创新,这就决定了初稿的撰写要有一定的创新性,这也是研究创新的体现。

(四)修改和定稿

在初稿的基础上,对写成的文章进行各个方面的修改,对论点呈现、文章结构、材料引用、文字表述,甚至标点符号等各个方面存在的不足进行认真的审视,在多次斟酌和修改之后再最终定稿。

1. 修改文稿的方式

修改文稿要遵循一定的规律:一是可以从总体处着手——谋篇审意;二是可以从细微处推敲——斟酌字句。不管从总体着手还是从细微着手,具体的修改方式都要灵活,目的在于进一步完善文稿质量。具体的修改方式有如下几种:

(1)自我诵读修改。初稿完成后,自己多诵读几遍,一些诸如语句不通、衔接不紧密等语言表达方面的问题就会被发现。多遍诵读也可以帮助写作者发现文章前后层次间的逻辑问题和连接性问题。

(2)请他人修改。完成初稿后,要大方求教,请别人如自己的老师或者同行再看看,请他们提出修改意见。如果自己和他人有不同的见解,可以组织讨论,交流彼此的看法,将有益的意见吸收进来。

(3)及时修改。初稿刚刚写成后,在头脑中的研究思路还清晰、印象尚鲜明的时候,写作者应立即着手进行修改,以免遗忘。此时,写作者还处于研究成果撰写的兴奋状态,有的想法还能够接续先前的研究和写作,这些都有利于文稿的完善。

(4)搁置修改。在完成初稿后,将其放置一段时间然后再进行修改,这就是搁置修改,它是一种冷处理策略。这种修改方法可以使研究者在一段时间后重新审视之前的成果表述,一些以前没有发现的问题就会凸显出来,一些之前没有的新想法也会补充进来。

总之,修改初稿的方法较为多样,具体方法的采用要因人而异,因文而异。当然,也可以选择将各种方法结合起来运用。

2. 修改文稿的注意事项

(1)提高主动性。对于初学者来说,向专家或老师讨教是修改稿子的最好方法。请老师对自己研究成果的表述内容、层次等各个方面提出修改意见,并积极和老师就其中具体的内容表述进行讨论,这个过程本身就是学习的过程,千万不要过于矜持或被动,等着老师找自己。

(2)注重细节。初稿完成后要反复检查、修改,不要急于定稿。"文章不厌百回改",要注意文稿的细节,认真检查有无科学性错误,题目是否贴切,材料与主题是否统一,结构是否严谨,论点是否明确,论据是否充分,词语是否准确,行文是否规范,等等。

(3)在行文中要注意规范,如:结构格式规范、文字表达规范、留空转行规范、符号图表规范、标点使用规范等。这些规范的具体要求可以参阅课本或学界较有影响力的教育期刊。

第二节　学前教育研究成果的评价

一、学前教育研究成果评价的程序

学前教育研究成果评价的程序主要包括以下方面。

(一)成果申报

由成果所有人向科研管理组织、机构提交申请表,把研究目标、方法、过程、结果等方面填写清楚,并附上反映本课题研究成果的研究报告、学术论文、专著等原件和相关材料。

(二)成果评价

学前教育研究成果的评价,大致要经历如下基本过程:确定总目标—制定评价标准—选择评价方式和方法—实施评价—收集评价信息并整理分析得出结论。

首先,在这个过程中,确定学前教育研究成果的评价标准是十分关键的一环。但是,由于学前教育研究问题和研究对象的复杂性,在对学前教育研究成果进行评价时,要确立一套适用于所有研究类型的评价指标是非常困难的,也是不尽合理的。虽然如此,我们通过对各类学前教育科学研究的思考,也还是可以从中找出一些共同的要求。尽管对其进行量化的过程十分困难,但是也应基于学术价值和应用价值两大核心来确定科学的评价标准,表 11 - 1 中的评价标准可供参考。

对研究成果的质量评价,并无绝对的标准。这些质量标准,是为了向研究成果的作者与读者提供启示。研究成果的作者可以参考上述质量标准,将其作为自己努力的方向,或进行自我评价的依据;而研究成果的读者,则可以依据评价指标对别人的研究成果加以鉴定和评价,以判断其科学性与实用价值。在具体编制学前教育研究成果评价指标体系时,应遵循以下要求:

第一,评价指标体系必须与总体目标相一致。指标体系中评什么、不评什么,重视什么、忽略什么都要直接反映研究的目标,研究目标决定了评价指标体系的方向和内容。

第二,所确定的评价指标应具有相对独立性,保证同一层次的指标之间内涵不雷同,外延不交叉。从逻辑上说,同一层次各指标不得具有同一关系、交叉关系、因果关系、矛盾关系,而只能是并列关系,否则就可能出现重评现象。

第三,确定的每个指标都应该是具体的,可以进行实际测量或观察,并获得明确的结果。各类指标应界定清晰,便于操作。

第四,在指标体系科学完整的前提下,应力求做到指标条目简明。指标条目越多,评价工作量就会越大,因此,指标体系不宜庞杂。在评价指标体系的应用过程中,应不断提升其品质,对于信息量少、区分度和效度不高的指标应予以剔除。

表 11－1　学前教育研究成果评价表

	评价项目	权重	评价标准	评价等级			
				A	B	C	D
				95 分	80 分	65 分	50 分
分项评价	科学性	25%	1. 选题符合客观实际,理论依据正确; 2. 研究方案周密; 3. 研究方法科学; 4. 研究资料可靠; 5. 论证、推理合乎逻辑				
	创造性	25%	1. 提出新理论、观点、概念,论证成立; 2. 对已有理论做出新的解释、论证,使原有理论深化; 3. 探索出事物的新规律,深化了理论认识; 4. 纠正原有理论、概念原理的错误; 5. 对学术界争鸣的问题提出了新见解,使问题有所突破,并得到学术界的认可; 6. 填补某项科学空白				
	学术性	20%	1. 具有比较完备的理论体系和概念系统; 2. 充实了已有知识,使之条理化、系统化; 3. 对事物之间的关系进行了较深入的分析,初步说明了事物的本质,得出某些新结论; 4. 对已有的研究方法或技术有所突破				
	实践性与应用性	20%	1. 研究成果为有关教育部门决策与管理提供参考依据,具有很高的实用价值; 2. 研究成果实用性强,具有一定的推广价值; 3. 省内、国内学术界同行反应强烈,具有较高的引用率				
	规范性	10%	1. 文字准确、精炼,深入浅出,通俗易懂; 2. 主题明确,重点突出;结构严谨,层次分明;推理清楚,论证充分				

其次，在制定了评价标准后，还需要选择并确定评价的方式。根据参加成果评价的人员的不同，可以将学前教育研究成果评价的方式分为以下三种类型：

第一，研究者自评。学前教育研究成果评价的基础是自评。在研究活动结束后，研究者首先应对照学前教育研究成果评价指标进行自我评价，通过自评衡量自己研究成果的价值，总结经验教训，为今后或下一步的研究做好准备。同时，自评是当事人以自己的主观感受和眼光来看待自己的研究成果，这种评价方式可以反映出此项研究成果的诸多重要信息，为其他人的评定提供重要的参考。

第二，同行专家评价。研究者自评更多的是从认识自我和完善研究的角度进行的，而同行专家评价则是从鉴定研究成果意义的层面进行的。同行专家评价可以对学前教育研究成果有无价值以及价值大小做出更清楚和准确的判断。在评价时，参加评定的专家应是研究工作以外的人员，而且都应具备相符的学术水平和科学求实的态度。在具体评价方式上，同行专家评价可以个别进行，由每个专家各自按既定标准做出评定，最后汇总得出结论；也可以经过专家组集体讨论研究得出评价结论。一般来说，同行专家评价是学前教育研究成果评价的主要形式。

第三，行政部门评审。行政部门评审一般是由某一级行政部门成立的有权威性的、成员相对稳定的教育研究成果委员会来实施具体的评价工作。

最后，经过成果评价人对进入评价范围的成果的评审（议），评价结论由此产生。一般来说，学前教育研究成果评价结论的主要内容包括：成果的理论水平；在同类成果中的先进程度；成果突出的价值所在；成果的应用和推广价值；存在的问题与改进建议；等等。

（三）成果存档

由成果管理部门将研究成果及评价结论统一存入学术档案备查。

二、学前教育研究成果评价的方法

根据评价性质的不同，可将学前教育研究成果的评价方法分为定量评价与定性评价两种。

(一)定量评价

定量评价是利用事先编制的学前教育研究成果评价指标体系,将成果中应当包含的各要素全面、详细、精确地划分为若干量化指标,并选择评价(审)委员会,严格按照指标要求,对成果进行评价,逐项计分,即通过数量化的评价方法来判定学前教育研究成果的质量和价值。成果质量的高低体现在根据规定方法计算出的分值上。

(二)定性评价

定性评价主要是按评定标准对成果做出评语式的鉴定。在鉴定过程中,评定者除了阅读、分析研究成果之外,还会分析该成果的主要原始资料。此外,在对应用性成果进行评价时,一些评定者还会深入到课题研究所在地,采用实地考察、参观、听课,与学生、教师、管理人员接触,或座谈会等形式做进一步考证,然后将实地考察的结果与研究成果对照起来分析评价。

第三节　学前教育研究成果的表述方法

学前教育研究成果的表述形式是多种多样的。在此,主要对学前教育研究报告和学前教育研究学术论文的撰写方法进行介绍。

一、学前教育研究报告

(一)学前教育研究报告的基本格式

学前教育研究报告的写作有一定的格式要求。根据《科学技术报告、学位论文和学术论文的编写格式》中的相关规定,一般来讲,研究报告应基本包括如下部分:

前置部分:题名、摘要、关键词。

主体部分:引言、正文(研究方法、研究结果、分析与讨论、研究结论)。

结尾部分:注释、参考文献、致谢(必要时)。

附录部分:如不便编入正文的重要资料,重要的数据、图表等。

这些项目是研究报告应包含的基本内容,在具体的学前教育研究报告呈现中,一些细节的内容可以根据实际情况进行灵活处理。例如,附录部分和致谢部分可以不要。另外,在前置部分要有主要责任人的署名,是一个人单独撰写的,两个人合作的,还是研究小组等团队共同完成的,要标示清楚。

(二)学前教育研究报告的撰写

1. 题目

题目即题名、标题。一篇文章的题目是对文章具体内容的集中体现,起到点明文意的作用。

学前教育研究报告的题目要简洁、明确,语句的表述要与研究的主题内容相吻合,使人一看就能够了解该研究到底研究了什么内容。对于初学者来说,题目的表述要注意以下问题。

(1)题目不能定得太大。题目定得太大可能会产生如下几种情况。一是写作者将研究的范围扩大了,没有做好准确的限定。如研究某地的学前教育情况,却不恰当地将题目定为“我国××研究”。因此,在设置题目时,可以通过添加限定词语的方式将研究范围准确地表达出来。二是写作者没有将核心概念界定好,即自己也不清楚应用的不同术语在表达上有何区别。如“幼儿游戏”和“幼儿游戏心理”这两个术语所表达的内容是不同的,若在题目中将研究的“幼儿游戏心理”写成“幼儿游戏”,就会导致研究范围过大的情况。

(2)学前教育研究报告的题目要体现出是对谁进行的研究,进行了什么研究,最好还要体现出选用的研究方法。如果存在不同的变量,题目的表述要能体现出不同变量之间的关系。

2. 摘要和关键词

摘要也称内容提要,即使用大约二三百字对研究加以描述,将本研究的具体内容用精练的文字呈现出来,包括研究的问题、研究对象、研究的程序以及研究的结论。任何学前教育研究报告都应该有摘要,其目的是让读者在阅读正文之前,先大致了解本研究成果的内容。

关键词是研究报告和其他学术论文的主题词,是从报告、论文中选取出来用以表示全文主题内容信息的术语。关键词是对研究报告中主要的、关键的术语的呈现。因此,关键词必须是专业术语,不能将自己随意组的词作为关键词。摘要和关键词的写作要求如下:

(1)摘要应具有独立性和自含性,即不阅读全文,就能获得文章内容的必要信息。摘要应包含数据及结论,是一篇完整的短文,可以独立使用和引用。摘要的内容应包含与报告、论文同等量的主要信息,供读者确定有无必要阅读全文,也供文摘等做二次文献采用。

(2)摘要一般应说明研究工作的目的、方法、结果和最终结论等,而重点是说明结果和结论。

(3)中文摘要一般不宜超过 300 字,外文摘要不宜超过 250 个实词。如遇特殊需要,字数可以略多。

(4)除非必要,摘要中不能使用图、表、化学结构式、非公知公用的符号和术语。

(5)每篇文章可选取 3—8 个词作为关键词,以显著的字符另起一行,排在摘要的下方。

(6)关键词应尽量使用名词性术语。为了国际交流,应标注与中文相对应的英文关键词。

3. 引言(前言、导言、绪论)

学前教育研究报告的引言实际上就是要回答这些问题——为什么要进行这项研究?要研究的具体问题是什么?研究的相关背景怎样?怎么进行研究?因此,其具体的内容包括:本研究提出的缘由、研究的目的和意义,以及研究方法的简介。详细的引言还需进行研究综述,简要介绍相关的研究。引言的作用在于提出问题,引导读者阅读和理解全文,让人了解该研究的价值。

引言写作的基本要求有如下数项:

(1)引出研究的问题要直截了当。引言应使用概括性的语言将研究的中心问题交代清楚,直截了当,不做过多的详细的文字描述。具体应做到:字数不宜过多,篇幅一般应控制在全文的五分之一以内,容量控制在两到三个自然段内,比较短的文章只用一小段的文字就可以;引言只起到引出问题的作用,因此不要有插图、列表等;言简意赅,不应与摘要雷同,注意不要成为摘要的注释;出现在一般教科书中的基础性知识,在引言中不必赘述。

(2)简要介绍研究目的和方法。引言对研究背景和相关研究状况的介绍,相对来说应较为详细,对研究目的的说明则应尽量简短,而在介绍研究方法时只需使用一两句话说明其大致框架即可,因为这些内容在后面的正文部分会有专门的详细说明。

(3)相关研究的综述应概括简洁。在本部分要概括地介绍与本研究有关的文献资料,使读者能了解该研究的背景和现状。

4. 研究方法

正文部分的研究方法撰写,主要是系统地对研究的工具、研究的对象范围、具体的研究方法及其操作程序、研究数据等资料的整理进行说明,体现的是研究的过程。这一部分的介绍要客观,让读者能够了解该研究活动的科学性,知道研究结果是通过可靠的途径和方式获得的,因此是研究报告中重要的环节之一。这一部分的写作要求如下:

(1)要准确地描述研究对象的情况和具体的范围。

(2)介绍研究工具及其使用情况。研究报告对所应用的研究工具要进行详细的介绍,如调查量表和问卷等研究工具的设计和内容结构、标准化情况,是否进行过验证,其信度和效度如何。

(3)说明研究方法及其操作程序。如果是实验研究,要说明实验的条件、实验的步骤等;如果是调查研究,要说明调查的具体过程和步骤;如果是观察研究,要说明观察的具体实施过程。

(4)简要说明研究数据等资料的整理分析过程。

需要注意的是,研究方法部分的写作一定要交代清楚具体的研究方法,这是研究报告中不能忽视的部分,是研究科学性的体现,应说明:研究方法是什么,是怎么应用的,操作的程序是什么样的;如果是选取样本的调查,那么样本是怎么选取的,是自编的研究工具,还是借鉴了他人成熟的研究工具,最后获得的资料是如何处理的。初学者切记,本部分的介绍要客观、具体。

5. 研究结果

研究结果是研究报告的核心内容,是用客观的数据和事实材料呈现研究的完成情况。这一部分要展示出研究所获得的每一项研究结果,并用语言文字进行说明、阐述,有的还需要有详细的、准确的数据和图表,目的在于说明结果获得的必然性。

研究结果的一般写作要求如下：

(1)研究结果的叙述应该全面而完整。无论是描述统计结果的表述，还是推论统计结果的表述，都应当为读者提供全面的统计结果。

(2)研究结果的叙述要简明。研究结果的叙述是客观的介绍，目的是为下一部分的讨论做准备，因此，在这一部分的写作中不需要进行具体的讨论。

(3)研究的数据必须经过处理后呈现。研究的原始数据不必一一罗列出来，因为原始数据中的某些数据只具有参考价值，有的仅可作为背景性的数据，因此，研究者要根据具体的研究目的和内容，对研究数据进行处理，然后再采用各种适宜的形式将其呈现出来。

(4)恰当使用不同的表现形式。研究报告的研究结果有两种基本的呈现形式，即语言文字描述和图表描述。研究成果的撰写主要是应用语言文字，有时文字的阐述需要有数据说明，这时可利用图或表的描述形式来辅助表现，以加强结果叙述的直观性。注意：文字、图和表是相应的，相互构成研究成果阐述的整体；不同的图表有不同的适用性，要恰当使用。

6. 分析与讨论

分析与讨论部分的写作内容包括：对前言中提出的要研究和解决的问题进行回应，对最初提出的研究假设给予明确回答；然后，对研究所取得的结果进行理性的、客观的分析，将问题存在的原因、根源等解释出来；最后，还要进行理论层面的提升，将研究结果引向理论认识和实践应用，以体现研究的价值。撰写分析与讨论部分要求做到以下几点：

(1)对研究结果进行深入分析和探讨。前面的研究结果呈现部分已经说明过的内容，在这个环节就不能重复出现，而应该对结果进行理论层次的探讨和分析。不论研究的结果和研究的假设符合与否，都要深入地进行分析，将可能的原因揭示出来。

(2)分析论证要严谨。要根据相关的学前教育理论，用科学的学前教育概念、严谨的逻辑和清晰的思维，对相关问题进行论证。研究者要遵循教育研究的规律和科学规范性，不能为了得到所谓理想的结果就随意做出主观判断和解释。

(3)对研究结果要全面分析和讨论。任何学前教育问题都不可能存在唯一的原因或解决途径。因此,在论证过程中,研究者要广开思路,从不同的角度和方面对研究结果进行深入分析,全面客观地呈现对结果的认识和探讨,避免看问题的片面性。

需要注意的是,在分析与讨论中要遵循的最重要也是最基本的原则,就是要保证教育实验或教育调查结果的客观性,在此基础上展开分析,展示自己的主观性认识。这一部分写得如何,和研究者自身的理论素养和学识有密切的关系,因此,对于初学者来说是最具挑战的。

7. 研究结论

研究报告的结论是最终的、总体的结论,是用简洁的文字对研究的主要成果进行高度的概括和呈现。结论是研究者对研究成果的最终推论,在研究报告中起到画龙点睛的作用。

研究结论不是对研究成果的再次表达,而是对研究成果的高层次的概括,表述的是研究结果说明了什么、提示了什么,应该怎么办,还需做什么。因此,研究结论就是要透过事实性材料的表面现象,揭示其内在的规律。

研究结论的写作应注意以下几点:

(1)在客观事实基础上得出结论。研究结论是以研究结果为依据的,是对研究结果的客观真实的反映,因此结论必须要有可靠性。

(2)明确结论的使用范围。研究的范围和研究结论之间存在直接的关系,不能随意扩大结论的使用范围。

(3)结论应该准确、完整、精练,具有逻辑性。

(4)可以在结论或讨论中提出建议、研究设想、改进意见、尚待解决的问题等。

此外,还需注意的是,研究结论不是对正文中各段小结的简单重复,结论应该是更高层次的概括,因此在表述时应确保语言的准确和简练。如果不能导出应有的结论,也可以没有结论而只进行一些必要的讨论。在写作中,还可以把问题解决的策略或对问题解决的建议放在结论部分进行阐述。

8. 注释和参考文献

学前教育研究大都参考了前人的研究结果,或是总结了前人的研究经验,或是吸收了他人的学术思想,或是由别人的研究而受到了启发。因此,在学前教育研究成果的撰写中，一定要将引用的他人的研究资料以一定的方式表现出来，注释和参考文献是对他人研究成果和付出的劳动的尊重，同时也可以为其他的研究者提供研究信息，以供检索查阅。

（1）注释是对文中出现的某些词语、内容的解释说明，是对文章引用的别人的话语、观点等所做出的进一步解释说明，或是对某一特定内容所做的进一步说明。注释的方法不一，大致有以下几种：

①夹注，也称文内注，就是在行文过程中，在需要进行解释说明的某些词语、观点等内容的后面直接加一个括号，里面写明引用资料的作者、文献年份、页码等信息，而文献资料的全称等信息则统一列入文末的参考文献中。这类注释比较直观。

②脚注，也称页末注，就是在需要解释说明的词语、观点等内容的右上角标注序号，在本页的页脚按照序号分别对需要解释的内容进行说明。著作的注释内容一般采用脚注的方式。

③尾注，即篇尾注，就是在文中需要进行解释说明的词语、观点等内容的右上角标注序号，但是具体的注释内容则放在文章的末尾，按顺序写明。期刊论文和著作都经常采用尾注的方式。

（2）参考文献部分应列出所有在论文写作过程中引用到的文献，并按照其在文中出现的先后顺序，统一进行编号，然后按照这个顺序，将所有文献资料的主要信息都列在正文后面。参考文献的主要信息包括以下内容：

①文献的责任者姓名。如果有三位以上的作者，可以在第一作者或第三作者姓名后用“等”来表示。

②文献的题名，即著作名，或者学术论文、研究报告、会议论文、学位论文等的标题。

③文献的来源，即著作的出版社及其所在地、期刊文章的期刊名称、会议论文的会议名称、学位论文的所在学校、报纸文章的所在报名等。

④文献的时间，即著作的出版时间、期刊论文的出版期次、会议论文的会议时间、学位论文的发布时间等。

⑤文献的具体位置，即引用的具体内容在整个文献中的具体位置，起始页码要标注清楚。

⑥文献类型的标注。参考文献的类型不同，在进行标注时其标识也是不一样的。常用的几种文献类型及其标识代码见表 11 - 2。

表 11-2 文献类型和标识代码

参考文献类型	文献类型标识代码
普通图书	M
会议录	C
汇编	G
报纸	N
期刊	J
学位论文	D
报告	R
标准	S
专利	P
档案	A

此外,需要注意的是,对于初学者来说,一定要分清楚注释和参考文献的区别。它们的共同点是二者都是对引用的其他研究文献进行的说明,但二者的区别也很明显,主要表现为以下几点:

第一,内容不同。参考文献是对所查阅和参考过的文献进行说明,文献的作者、来源以及出版时间等信息项要列全。而注释是对引用的观点及说法等进行的进一步解释或补充说明。

第二,标注位置不同。注释可以用文中的夹注、页码末的脚注、文末的尾注等形式,参考文献则一般集中列在文章末尾。

第三,标注的序号形式不同。二者都需要按顺序进行编号,注释用圆圈数字形式,参考文献用方括号数字形式。

9. 附录

附录是把研究所用到的调查工具或部分原始材料附在研究报告的后面,以免占用正文的篇幅。它能够使正文的内容更加集中,也可以为读者提供了解和分析研究状况的资料,从中分析搜集材料的方法或实验的方法是否科学,所用工具是否可靠,材料是否可信。

附录的内容一般包括:所用的调查工具、与研究结论密切相关的原始数据、研究的一些记录等。

选用附录需要注意以下几点:

第一,附录是补充项目,并不是必需的。

第二,附录的写作是为了正文的完整,对于那些不适合编入正文的材料,可以将其放入附录。

第三,附录的内容不要过多,研究产生的原始材料不必一一都列在后面,选择与研究结论关系密切的即可。

二、学前教育研究学术论文

(一)学前教育研究学术论文的基本格式

学前教育研究学术论文与学前教育研究报告一样,在撰写时必须要遵循一定的格式要求。一般来说,一篇合格的学术论文应基本包括如下四个部分:

前置部分:题名、摘要、关键词。

主体部分:绪论、本论、结论。

结尾部分:注释、参考文献、致谢(必要时)。

附录部分:必要时列明。

需要注意的是,学术论文的写作比较灵活。例如:无必要时可不写附录;绪论如何开始、正文如何展开论证等,不必遵循一定的固定格式。

(二)学前教育研究学术论文的撰写

学前教育研究学术论文的撰写在具体格式和内容上与研究报告有所不同,但就其表述方式而言,二者还是有着相对一致的顺序和规律的。学术论文中的前置部分,如文章的题目、摘要和关键词的撰写规范与研究报告有相似之处,注释与参考文献的著录、附录部分的写作等要求也基本相同。因此,本部分仅对学术论文写作的主体部分进行说明,其他不再赘述。

1. 绪论

绪论就是文章的开始部分,又可称为前言、序言、引言、导言等,有人还直接称之为问题的提出。不管叫什么,其作用是一致的,就是作为论文的引子,目的在于引导读者了解论文要写什么,以引出正文的本论部分。

就具体内容而言，论文的绪论通常包括以下内容：研究要解决的问题，本文的中心论点，本研究的背景，评述前人的研究成果，概述本研究的目的、价值、意义，本研究涉及的主要学前教育概念或术语，等等。这些内容在写作过程中不必一一提及，可以根据具体情况进行选择，目的就是把要研究的问题的方方面面交代清楚，引出下文的本论内容。

就写作方式而言，论文的绪论部分写法多样，例如：可以开门见山地提出研究问题；可以通过对写作背景的说明提出研究问题；也可以用质疑的方法，或者用揭示矛盾、说明现实现象的方式提出问题；等等。研究者可以根据实际情况或自己的写作风格，灵活掌握。

在论文绪论的写作过程中，应注意以下一些问题：

(1)不管用哪种方式提出问题，都一定要表述清晰。表述要能给人留下清晰的、深刻的印象。同时，问题的表述最好能够引起读者的思考，使交代的问题与读者已有的相关知识建立起必要的联系，这样能够促进读者加深对论文主旨内容的理解。

(2)介绍研究背景和相关研究时要客观。对研究问题的表述如果涉及前人的研究成果或当前阶段他人的研究，介绍说明时要客观、公正、准确，对有关研究成果的评价要实事求是，不能为了突出自己研究的价值和意义，就毫无根据地否定其他人的相关研究。另外，介绍和说明时应力求语言精练、简洁。

(3)对研究价值的说明要实事求是。对论文自身的研究价值与意义的介绍是绪论中的重要内容，但是也要力求实事求是，不要过多渲染，不要有夸大的说法或者空洞的言辞，还应该避免主观地拔高研究价值的现象。

(4)绪论写作要精练。一篇论文的绪论部分主要是为了引出正文，因此篇幅不宜过长，否则会让人觉得头重脚轻，喧宾夺主。有的人在介绍相关研究背景和文献时，叙述得过于详细，其实这大可不必，因为对文献的梳理和分析可以做成一篇独立的文献综述，而在论文的绪论中只需对重要的文献进行概括评价即可。

2. 本论

本论是论文的主体部分，是作者证明论点、分析现象、表达结果的部分。本论部分是反映论文质量的主要指标，它能够集中体现学前教育研究者的科研水平和论文写作水平。

本论部分极为重要。论文中的本论相当于研究报告中研究结果和分析与讨论部分,一定要有严谨的论证过程,也要体现作者自己的教育观点。从篇幅上看,论文的本论部分要占到整个论文的三分之二以上。

论文本论部分的关键就是进行论证。研究者要提出中心论题,用一定的理论和材料作为论据进行论证,论点要明确,论据要充足,论证要符合逻辑。本论写作的注意事项有以下几点:

(1)研究主题要突出。研究主题就是进行论证的论点,是论文的灵魂所在。因此,在本论的写作中,研究者要用准确、明晰的文字提出中心论题,用科学的概念、术语进行解释,以突出整篇论文的主旨。

(2)区分相关论点。论文主要是研究者通过文字证明自己的观点。任何学前教育研究都有一定的研究基础,因此必然会涉及如何对待他人的观点的问题。需要注意的是,相关研究的论点可以引用,可以批驳,但写作者要判断好自己的研究论点和其他研究的论点之间的关系,处理好不同的情况:当自己的观点和他人的观点一致或接近时,可以接受并通过他人的观点来证明自己的观点,引用时要保证准确性;当他人的观点和自己要论证的论点存在部分的吻合时,写作者就需要对他人的观点进行提炼概括,并谨慎应用,切不可断章取义;当有的研究观点和自己的研究观点相左或完全相反,而其中一些研究还比较权威时,研究者就需要在确认自己研究的基础上,以科学的方式进行理论探索或提出挑战,客观地进行辨析和论证。

(3)论据材料要充分。论文本论主要是进行科学严谨的论证,论据一定要充分。各种研究资料的丰富、充足与否,决定着论证质量的高低。因此,研究者要尽量占有足够的研究资料,并在详细解读和分析的基础上合理运用。在选择事实性研究资料时,要选准事实,即这些事实必须能恰当充分地证明论点,同时还要学会运用事实。事实性材料贵在“精”和“准”,而不在于数量的多少。在选择理论性研究资料时,要保证有关学前教育理论运用的准确性,不能割裂原有理论的背景和运用条件。

(4)论证过程要严谨。论证是用论据来证明论点,解释论点和论据之间必然关系的过程。在论文写作中,论证过程要严谨,语言的表达要恰当,语句的逻辑性、前后内容的层次性等都需要写作者进行精心的安排和设计。

3. 结论

学术论文的结论是围绕本论部分所做的结语,应从理论上说明研究结果的意义，并总结全文，深化主题，对研究成果进行更高层次的精确概括。结论是论题被充分证明后的结果，写作的措辞应严谨，逻辑要严密。

论文结论部分包括的具体内容有：对本研究的整体性的判断，总结性的观点；切实可行的解决问题的策略；本研究的局限性，还有哪些问题尚未得到解决；进一步研究的途径；等等。

结论的写作方法有很多种，写作者可以根据自己的写作习惯和需要进行选择，如概括总结式写法、评价式写法、提出问题式写法、提出建议式写法等。写作时应注意：

(1)结论的内容要简洁。结论是对研究问题的综合、概括，是对全文的总结。因此，写作时要注意内容应简洁，表达要明确，不可有过多内容。

(2)结论的表达要严谨。论文的结论是对论证过程的总结，因此措辞表达要严谨，逻辑要严密，不需要用华丽的辞藻来进行描述，应力求表达准确，语言朴实。

思考与练习

1. 学前教育研究成果表述的作用是什么？
2. 试述学前教育研究成果的基本类型。
3. 学前教育研究报告的撰写包括哪几个基本步骤？

参考书目

[1]张宝臣,李兰芳. 学前教育科学研究方法(第二版)[M]. 上海:复旦大学出版社,2012.
[2]刘电芝. 现代学前教育研究方法[M]. 重庆:西南师范大学出版社,2012.
[3]阳曼超,孙启进. 学前教育研究方法[M]. 南京:南京大学出版社,2013.
[4]徐俊华. 学前教育科学研究方法[M]. 合肥:安徽大学出版社,2014.
[5]王小英. 学前教育科学研究方法[M]. 长春:东北师范大学出版社,2015.
[6]郭淑芬,王晨霞. 学前教育科学研究方法[M]. 南京:东南大学出版社,2015.
[7]刘晶波. 学前教育研究方法[M]. 北京:人民教育出版社,2016.
[8]茹荣芳,高庆春,陈新景. 学前教育研究方法[M]. 北京:清华大学出版社,2016.
[9]陈秋珠,郭文斌. 学前教育研究方法[M]. 西安:西安交通大学出版社,2017.
[10]龚冬梅. 学前教育科学研究方法[M]. 南京:东南大学出版社,2017.